U0564734

本书是贵州省民族语言文化数字化保护项目的研究成果

本书调查、出版，均以中国语言保护工程所制定的
民族语言调查手册为原始范本，谨致谢忱。

贵州民族语言研究丛书

主编　吴胜伟

三都水语语料集萃

代少若　潘建南　石国勐　著

上海三联书店

序

贾晞儒

　　任何科学研究，都必须从基础研究开始，基础研究是一切科学研究的根基和出发点。没有基础研究，一切研究都无从谈起；离开了基础研究，其研究也不过是"空中楼阁"，是空门蓬户，没有任何实际科学价值。高深的科学成果，必然是从最基础的研究开始的。语言研究也不例外，没有语言方言的研究成果作基础，其他方面的研究也只能是空中楼阁，可看不可用，没有实际的理论价值和使用价值。

　　方言是民族语言的根基，而次方言（土语）更是根基的根基。所谓"人类语言"是各民族语言的总称，所以我们要对人类语言有一个全面、深刻的认识，就得从一个个具体的语言研究开始，而要研究每一个具体语言，比如汉语、苗语等，就应该是从它的方言开始，研究方言又得分别从它的语音、词汇、语法等方面进行具体的调查研究，只有对某种语言的各个方言研究的深透和全面，才有可能对其整体语言有一个比较明晰的认识，进而进行其各系统（音系、词汇、词义、语法、修辞等）的专门研究。这样，我们才能够对于这个语言的语音、词汇、语法等领域的规则和特点有一个比较全面的掌握和认识。所以，我们说方言研究是语言研究的基础工作，这个工作做好了，后面的研究就有了根基和牢固的基础。

　　语言学界有一个普遍的说法："方言是语言的地方变体"。说得具体一点，就是一种语言通行于不同的地区，随着时间的迁移和社会变更，彼此之间形成了一定的差异，即"地方话"，主要表现在语音方面。一般说来，使用人口较多，分布地区比较广阔，其语言就有可能发生地方性的变化，形成方言。但万变不离其根，尽管是各有不同特点的方言，它们却是共同融合成同一种语言的根底。

　　例如汉语，专家们认为有八大方言，即北方方言（也称官话）、吴方言、湘方言、赣方言、粤方言、客家方言、闽南方言、闽北方言。也有人提出了"晋方言"。在民族语言学界，学者们把苗语分为三大方言，即川黔滇方言、湘西方言和黔东方言。但是我们还可以反过来说，一种语言（除了使用人口极少的某种语言，使用者又聚居于一地，可能没有完全形成方言）一般都会有多种方言，各方言之间"血脉相连"又各有差异，相互交织，互相影响，推动着全民语言的发展、变化。我们再深入一步，方言下面还可以分出次方言或者叫"土语""点方言"，它更是研究一种语言的最基础的工作，是根基的根基。只有对一种语言的每一个点方言有了深入的研究，才能对其语言的整体结构规则、音系特点等做进一步的全面研究。因为任何一种语言体系都是开放的体系，各个方言都会"接受"它输入必要的新鲜"血液"，而它也会积极向各方言体系吸收必要的成分，丰富自己、发展自己，成为结构更加完整、更加缜密、词汇更加丰富、表达方式更加多样的全民族的语言，承担起民族共同语的重任。此外，方言研究的另一个重要价值，就是可以为历史（特别是地方史）、包括地名在内的地域文化、习俗文化、风土人情等的研究提供必要的语料。例如位于贵州省东南苗族侗族自治州西南部的雷山县的西江镇堡子村，苗语称 vangl diel，意思是"汉族寨"。这是清朝绥靖苗区，实行安屯设卫的历史"活化石"，即汉族进入雷山后产生的新寨名。又如，在贵州省的许多县市含有"yenx"和"tenf"的苗语地名，其实都是汉语借词"营"和"屯"的音译。

此外，还有反映苗族支系的地名，如：dlib（西）fangs（方）、gud（勾）、liux（柳）都是苗族古代氏族的名称，今天这些氏族住地多以这些氏族名称命名。如以 dlib 为名的凯里市的 dlib hxit（青曼），雷山县的 dlib jang（西江）、台江县的 dlib songd（山丙）、剑河县的 dlib kad（高标）、dlib jab（南嘉）、dlib qud（高丘）等。在其后面隐含着丰富的文化内容和历史的秘笈，需要我们以此为线索进行探赜索隐，更深入、更全面地认识这个民族的过去和现在，探索其社会发展的必然趋势和规律，以及在中华民族族共同体形成过程中的历史地位和作用。

方言研究的重要学术价值和意义不仅如此，就语言关系而言，它还是研究语言相互接触的途径、方式和影响的重要语料。我们知道中华民族是一个多民族相互依存、共同发展，谁也离不开谁的多文化的民族共同体，他们共同生活在中华民族的大美河山之中，相互往来十分密切，但又各有相对集中居住的地域，所以语言的接触往往表现在处于地域边缘的各民族语言方言相互交错、接触和影响，并通过方言的接触影响，互相吸收各自所需要的词汇及其有关成分，进而分别带入本民族语言之中，丰富本民族语言的词汇、表现方式等，推动本民族语言的发展和演变，特别是各少数民族的语言对于汉语的贡献是不可忽视的，它们在丰富和推动汉语发展方面的历史作用是值得我们深入研究的。所以，我们必须加强方言，特别是各少数民族语言的保护、抢救及其方言的研究。在刘正埮、高明凯、麦永乾、史有为四位先生编著的《汉语外来词词典》中就收录了大量的蒙、藏、突厥、满、维等少数民族（包括古代民族）语言的词汇。词汇的吸收，必然会丰富受惠语言的词汇和表现形式，同时也吸收了相应的文化成分，甚至在一定意义上也反映出各个历史阶段的民族经济、文化关系发展的基本状况。

我曾经阅读过 1985 年由民族出版社出版的杨再彪的《湘西苗语东部方言土语比较》、1990 年由中央民族大学出版社出版的罗安源的《现代湘西苗语语法》、2005 年由岳麓书社出版的石如金的《苗（湘西方言）汉汉苗语词典》和发表在《民族语文》上的有关苗语研究的论文。但，那都是作为一种兴趣来学习和参照的，没有什么深入的思索，所以，也只有一个肤浅的认识罢了！

代少若和他的同仁完成的贵州黔西南望谟县布依语、黔东南养蒿寨苗语、黔东三都水语调查系列报告，对西南地区部分少数民族语言进行了精细、周全的描述。限于精力，我仅以养蒿寨苗语的报告为例，举苗以赅布（依语）、水（语），谈一些该系列报告的读后心得。

凯里市养蒿寨苗语是黔东方言的一个点方言（次方言），代少若及其同仁对养蒿寨苗语经过实地调查后，将调查报告最终定名为《语料集萃》（以下简称"集萃"），以示其报告性质主要为语料实录。读完该《集萃》，使我眼前一亮，似乎走进了又一个新的语言世界。我虽然读过一些苗语的书籍和材料，但没有真正地静下心来精心阅读，更没有专心研究，只是一种浏览罢了。这次再读《集萃》，却有新的收获。写出来，当作一份作业吧！

在苗语研究方面，一般学者都认为苗语声母多，韵母少，在《集萃》里也证明了这一点，养蒿寨村苗语有 8 个声调，34 个声母（包括零声母）和 24 个韵母。而在其他一些方言里只有 6 个声调，但声母和韵母相对要多一些，声母是 49 个，韵母是 35 个。可见，这个方言点的语音特点和其他方言点的语音有一定的差异。这个差异就构成了这个方言点的语音和语音结构的地域特点。由于这个特点，构成了养蒿寨苗语的声韵特点，读来如潺潺如流，平缓而清脆，柔顺而绵绵。我们从《集萃》的例句中摘撷一句简短的话，和汉语作一个粗略比较：

汉语： 因为路太窄，所以车子过不去。

苗语： paŋ^{13}tɕo^{55}ki^{35}ŋi^{31}va^{44}, ɛ^{44}noŋ^{35}tɕo^{55}tsʰei^{33}tsʅ^{55}zə^{35}moŋ^{11}a^{55}lei^{44}.

如果把汉语写成现代汉语拼音，那就是：

$Yin^{55}wei^{51}lu^{51}tai^{51}zhai^{214}$，$suo^{35}yi^{214}che^{55}zi^{0}guo^{51}bu^{0}qu^{51}$。*①

现在，我们再将这两句话的读音，用图式做一比较（图见下页）

在图式里，我们看到了什么？汉语句读声韵铿锵、起伏较大，高亢有力，而苗语则悠扬舒畅，平缓起伏如潺潺流水，声音柔美。这不仅仅表现了苗、汉两种语言的声音起伏变幻差异之美，而且也会感受到苗、汉两个民族在语感方面的民族心理差异，苗语有高平型、次高平型、次中升型、低平型，却没有降升型；汉语有高平型、降升型、中升型、全降型，却没有次高平型和次平型。它们在一定程度上也反映出两个民族语言审美心理的差异性。是我们认识和研究两个民族心理特质的一个不可忽视的途径。

特别要提出的是，在本《集萃》的苗语词汇里有许多带有相当于汉语名词词缀的"子"的词语，很有讨论的必要。汉语的"子"是一个多功能的单音词，作名词，也可做形容词，甚至还可以做量词。同时可做名词、代词、形容词、量词的后缀，在现代汉语里作为词缀构成的词，在苗语里有相类似的结构形式，但也有很大的区别。在《集萃》中我们看到有少部分跟汉语的结构形式相似，似乎可以认定是汉语的借词。例如：

苗语读音	汉语读音	类别
$tɕau^{53}tsʅ^{53}$	$jiao^{214}zi^{0}$	食品（饺子）
$tɕen^{33}tsʅ^{53}$	$jin^{55}zi^{0}$	金属（金子）
$tɛ^{11}sʅ^{33}tsʅ^{53}$	$shi^{55}zi^{0}$	动物（狮子）
$lu^{33}tsʅ^{53}$	$lu^{35}zi^{0}$	取暖或做饭用的器具（炉子）
$sau^{35}tsʅ^{53}$	$shao^{51}zi^{0}$	吹奏的响器（哨子）
$tɕ^{h}i^{31}tsʅ^{53}$	$qi^{35}zi^{0}$	玩具（木制或其他材料制成的不同类别的圆形或方形的小块状物，即"棋子"）

可以看出，这一部分词是从汉语借过去的，语音结构基本相同，

---

① ——*汉语采用现代汉语拼音字母。下同。

声调却有一定的差别，这是符合借词的基本规律的，所谓"借词"并不一定是整体借用，而是要在受惠语的制约之下有条件的借用。苗语的声调与汉语有较大的差异，调值、调型不完全相同，但都有区别意义的作用，唯独汉语轻声词缀，借入苗语之后，都取得了一定的声调，有了自己特定的调值和调型。上例中的汉语词缀"子"失去了它的独立意义，读轻声，但在苗语里却取得了一定的调值和调型，成为一个构词语素。汉语的"棋子"的"子"是一个构词语素，表明了"棋"的质地和大小形状，即"小而坚硬的块状物或粒状物"，不读轻声，它的调型是"降升型"，而苗语则是"高平型"。

汉语：句子音节声调连接示意图

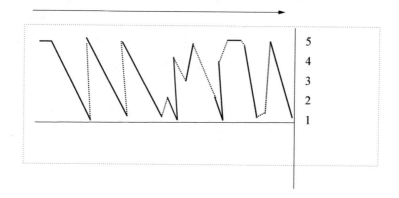

苗语：句子音节声调连接示意图

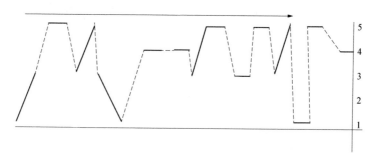

　　此外，我们还可以看到，在汉语里作为后缀"子"，一般是要读轻声的，而且没有独立的意义，否则，它就是一个构词语素，与其他语素构成复合词，并有声调。例如，我们后面列举的"棋子"的"子"在汉语里，有声调，读上声，降升调，其前例词中的"子"都读轻声，依附于前者的构词语素，而自己没有独立的意义。但在苗语里，就不同了，尽管它们都是从汉语借来的，但有声调，是作为一个构词语素与前者构成了合成词，跟汉语有明显的区别。还有一部分汉语后缀读轻声的"子"，与苗语的读音又若有近似，但它有声调，不同于汉语。例如《集萃》中的 $le^{33}tse^{35}$（房子）、$ton^{13}tse^{35}$（柱子）、$tço^{55}t^han^{33}tse^{35}$（椽子）等，说明了苗语的构词能力很强，有它自己的独特规律。如果把语言比作一条河流，可以有多条支流，每条支流都有它们的特点，因此，它们必然会吸纳和蕴含流经地域的历史文化、风土人情、生活方式、逸闻轶事、物产地貌等内容，进而汇入到全民语言之中，成为全民族的语言文化结晶。也就是说，一个地区人民的物质创造、精神创造都无一例外地反映在本地区的方言之中，《集萃》中只汇集了一部分具有典型语法意义的句子和一首歌谣、两首童谣，尽管是九牛一毛，我们也能体会到养蒿苗语的地方文化的特色和与苗语整体文化体系的包容互动的"母""子"系统的亲密关系。

　　我们知道，语言运用的总趋势是趋同、融合大于疏远和分离，特别是进入现代社会，彼此之间的语言交流、融汇的速度日益加快，语言无区别地为全民服务的本质决定其方言必然成为本民族语言发展的一个内在动力，所以，从根本上讲，研究方言是语言研究的第一步，这一步走好了，就为后面的深入研究打下了扎实的基础。我想《集萃》的初衷也在于此，其意义必在以后的实践中得到显示。这也是我由衷的期盼。

贾晞儒写于西宁市湟水河畔叟怡斋

2021 年 5 月 30 日

前　　言

　　本调查报告，是贵州省民族文化宫委托兴义民族师范学院调研项目"2019贵州省民族语言文化数字化保护项目"的一部分。该项目分期进行，2019年执行的是第一期，共有三个贵州省少数民族语言点，分别是（按调查时间先后）望谟县复兴镇布依语、凯里市养蒿寨苗语、三都县中和镇三洞水语。本书为三都县中和镇三洞水语的调查内容。

　　本次调查，以中国语言保护工程所制定的民族语言调查手册为范本，共调查了3000余条词语，100条基本语法例句，除此之外，还录制了部分口头文化作品，如歌谣、故事、祷词等。

　　三都县是水族主要聚居地。三都县中和镇三洞社区的水语，被认为是最具代表性的水语，20世纪五六十年代开展民族语言调查，就是以当时的三洞乡水语为调查点。本次调查选择三都三洞为水语调查点，所调查的结果与之前的调查报告相对照，也可一窥水语的历史发展变化。

　　三都水语作为水语的代表语音，已有前贤时彦不少的研究成果。我们这次调查，意在三都水语发展的历史上，截取最近的这个时间切面，收录、描写现在三都的水语发展现状。所有的语言调研，形成一份调查报告，作为实录性的资料文档备存。

调查大纲以汉语标注的词条、例句为基本内容，水语发音人依照我们所提供的词句，说出相应的水语。为保证语言的真实发音情况可查可视听，后期我们依照"中国语言保护工程"的操作规定，对调查大纲所要求的调查内容，进行了摄像、录音。也就是说，本调查报告的词句、部分口头文化等，都有相应的音频、视频供查、视、听。

本书在记录语音方面，采用了"汉字（记义）、国际音标、水语拼音"三种文字、语音符号的体例，方便不同的读者、研究者使用。"汉字"即调查大纲的基本内容；国际音标以张均如编写的《水语简志》（1980）里水语"语音系统"为基础；水语拼音是依据曾晓渝、姚福祥的《汉水词典》（1996）为依据。这一套水语拼音方案以三都水族自治县三洞的水语为语音标准，初创于20世纪50年代末，80年代又经重新整理成草案，曾经在部分水族地区的民族学校用来编水语课本进行教学，取得较好的效果。

在语料整理过程中，我们以发音人的录音、视频为主要依据，按实记录。有些词句的发音，与之前的调研成果有一定的差异，从真实反映语言现状的原则考虑，我们按实际发音进行记录。因此，音系整理会与1980年的《水语简志》有所差异。参与水语调查、整理同时又是本报告作者之一的潘建南老师，是黔南州民宗局民宗工作研究中心的水汉翻译者；本报告另一作者石国勚老师，是本次水语调查的发音人，同时也参加了资料整理工作，石老师目前是三都水族文化研究部门的工作人员，长年致力于水族文化的推广。在三洞水语语音、词汇、语法等方面的描述，我们基本上采取了潘老师、石老师的意见，有分歧的地方则与《水语简志》（1980）、《汉水词典》（1996）参照定夺。

本项目的语言调查工作、后期整理工作，得到了众多单位及个人的支持与帮助。除委托单位贵州省民族文化宫（贵州省民族博物馆）、立项单位兴义民族师范学院外，还有贵州省民宗委、黔南州民宗局、三都县民宗局、兴义民族师范学院文学与传媒学院、安庆师范大学等。三都县民宗局全程为调查开路，为我们联系调查对象、场地，安排、对接口头文化表演方便我们拍摄记录。水语调查的语料摄录全程由兴义民族师范学院文学与传媒学院广电专业的各年级学生承担，汉语国际教育专业、汉语言文学专业的部分三都籍水族学生协助了本项目调查、摄录及资料整理，对同学们的辛勤付出，表示由衷的感谢。笔者的工作单位也为本项目的实施、完成给予了工作上的便利，特致谢忱！衷心感谢项目验收专家对项目的把关，并提出了宝贵的修改意见。最后，要特别感谢青海民族师范大学的贾晞儒先生为本项目的调查报告书稿作序。贾先生一生致力于西北少数民族语言的钻研，研究成果等身，是民族语言学研究的开拓者。贾先生的序，是对后辈们工作的鼓励与奖掖。

目　　录

三都水语音系

声母 70 个

国际音标	p	pʰ	^{m}b	^{ʔ}b	m̥	m	^{ʔ}m	f	v	^{ʔ}w/w
水语拼音	b	p	mb	qb	hm	m	qm	f	v	qw/w
例词	耙木~[pa^{31}]	灰颜色[pʰa^{24}]	挨~近[^{m}ba^{33}]	蝴蝶[^{ʔ}ba^{33}]	狗[m̥a^{24}]	舌头[ma^{31}]	软糯~[^{ʔ}ma^{33}]	云[fa^{33}]	陀螺[vu^{42}]	责怪[^{ʔ}wen^{35}] / 傻偏呆[wa^{33}]
国际音标	t	tʰ	^{n}d	^{ʔ}d	n̥	n	^{ʔ}n	s	l	l
水语拼音	d	t	nd	qd	hn	n	qn	s	l	l
例词	小[ti^{33}]	找~寻[tʰa:u^{33}]	眼睛[^{n}da^{24}]	硬骨头[^{ʔ}da^{33}]	想~念[n̥i^{33}]	虱子[nan^{31}]	前面[^{ʔ}na^{33}]		大[la:u^{42}]	
国际音标	ts	tsʰ						s	z	
水语拼音	z	c						s	r	
例词	骑~马[tsi^{55}]	查~账[tsʰa^{42}]						晾~衣服[sa^{35}]	轻担子[za^{33}]	

续 表

国际音标	tɕ	tɕʰ		n̥	ȵ	ʔȵ	ɕ	j	ʔj
水语拼音	j	q		hnn	nn	qnn	x	y	qy
例词	吐(上声,把果核儿一掉)[tɕi^{31}]	胳膊[tɕʰin^{24}]		老鼠[n̥o^{33}]	帽子[ȵon^{42}]	允许[ʔȵi^{55}]	尖[ɕa^{24}]	藤[ja:u^{24}]	燕子[ʔjən^{35}]
国际音标	k	kʰ		ŋ̊	ŋ	ʔŋ		ɣ	ʔɣ
水语拼音	g	k		hng	ng	qng		xg	qxg
例词	龙[ka^{24}]	收拾[kʰa^{33}]		动[ŋ̊ai^{24}]	韭菜[ŋam^{31}]	芝麻[ʔŋa^{24}]		货[ɣau^{35}]	淋~湿[ʔɣak^{55}]
国际音标	q	qʰ						ʁ	
水语拼音	gg	kk						xgg	
例词	读~书[qa^{24}]	耳朵[qʰa^{24}]						蘑菇[ʁa^{24}]	
国际音标	ʔ						h/hw		
水语拼音	/不标						h/hv		

续　表

例词	国际音标	水语拼音	例词	国际音标	水语拼音	例词	国际音标	水语拼音	例词	国际音标
孵~小鸡 [pjam^{24}]	pj	by	近~道 [pʰjai^{35}]	pʰj	py	栽~树 [ᵐbja^{24}]	ᵐbj	mby	爱~他 [ʔbjum^{24}]	ʔbj
断~气 [tju^{35}]	tj	dy	向~上 [tʰjep^{55}]	tʰj	ty	买~菜 [ⁿdja^{33}]	ⁿdj	ndy	禾苗 [ʔdja^{33}]	ʔdj
手 [mja^{24}]	mj	my	瞄~准 [nju^{42}]	nj	ny	粘 [ŋjem^{24}]	ŋj	hny	江~大河 [ʔnja^{24}]	ʔnj
抹布 [fja^{33}]	fj	fy	做梦 [vja:n^{24}]	vj	vy	少~东西~ [sjeu^{33}]	sj	sy	蚊子 [lja:n^{33}]	lj
茶叶 [tsja^{31}]	tsj	zy	米饭 [ʔau^{42}]	pj	by	杀~鱼 [ha^{33}] / 画 [hwa^{24}]	fj	fy		ʔdw
	tw			²dw						

续 表

水语拼音	dv	qdv				
例词	端节水历猪年 [twa³³]	盐 [ʔdwa²⁴]				
国际音标	tsw		ɬw	sw	lw	
水语拼音	zv		jv	sv	lv	
例词	装安~ [tswaːŋ³³]		烟卷 [ʔjan²⁴ ɬwaːn⁵⁵]	要~猵 [swa⁵⁵ʂ]³³ tsʅ⁵⁵]	船 [lwa²⁴]	
国际音标	kw			ʔŋw/ŋw		
水语拼音	gv			qŋgv/ŋgv		
例词	癞~丁 [kwa³¹]			点~头 [ʔŋwat⁵⁵] / 瓦 [ŋwa⁴²]		

说明：c 有两个变体 [ɕ]、[x]，如"钱 [ɕen³¹]、稀 [cu²⁴]"读 [ɕ]，"叽 [ɕin³³]、四 [ɕi³⁵]"读 [x]。

韵母 55 个

	i	e	a		o	u	ə	ɿ
国际音标	i	e	a		o	u	ə	ɿ
水语拼音	i	ee	a		o	u	e	i
例词	年糕[ɕi^{31}]	盛~饭[te^{33}]			放~盐[ho^{42}]	浮~在水上[mu^{24}]	牛车[niu^{42}tsʰə^{33}]	（椰）子[je^{33}tsɿ^{55}]
国际音标			a:i	ai	oi	ui		
水语拼音			ai	ei	oi	ui		
例词			读~书[qa:i^{24}]	个~人[^{2}ai^{33}]	对~笔迹[toi^{35}]	碗[tui^{42}]		
例词			同[sa:i^{33}]					
国际音标	iu	eu	a:u	au				
水语拼音	iu	eeu	ao	ou				
例词	藏[piu^{33}]	猫[meu^{42}]	燕~鱼[^{n}da:u^{33}]	斟~酒[^{2}jau^{35}]				
国际音标	im	em	a:m	am	om	um		
水语拼音	im	eem	aam	am	oun	um		
例词	爪子~鸟的[sim^{33}]	钳子[ʈem^{31}]	走[sa:m^{33}]	头~人的[qam^{42}]	鱼[mom^{55}]	喝~茶[yum^{42}]		

续　表

国际音标	in	en	a:n	an	on	un	ən
水语拼音	in	een	aan	an	on	un	en
例词	吃喝 [ɕin^{33}]	挺~胸 [^{2}en^{33}]	肉人体 [na:n^{42}]	放~手 [man^{55}]	锣 [ɕon^{55}]	蚊帐 [hun^{33}]	手镯 [vən^{35}]
国际音标	iŋ	eŋ	a:ŋ	aŋ	oŋ	uŋ	əŋ
水语拼音	ing	eeng	aang	ang	ong	ung	eng
例词	姜 [siŋ^{24}]	锅统称 [tseŋ^{55}]	稻草 [va:ŋ^{24}]	来 [taŋ^{24}]	手指 [toŋ^{24}]	裤子 [huŋ^{33}]	升~米 [seŋ^{24}]
国际音标	ip	ep	a:p	ap	op	up	
水语拼音	ib	eeb	aab	ab	ob	ub	
例词	歌特指"水歌" [ɕip^{43}]	锅巴 [kep^{55}]	踢~球 [ta:p^{43}]	扣~扣子 [tap^{35}]	拟声词雨滴滴落声 [top^{55}]	青蛙 [qup^{55}]	
国际音标	it	et	a:t	at	ot	ut	ət
水语拼音	id	eed	aad	ad	od	ud	ed
例词	菜刀 [mit^{43}]	片一~树叶 [sjet^{55}]	八 [pa:t^{35}]	追~小偷 [tat^{43}]	刮~掉毛 [kot^{43}]	擤~面 [njut^{55}]	尾巴 [hət^{43}]

续 表

国际音标	ik	ek	a:k	ak	ok	uk	ək
水语拼音	ig	eeg	aag	ag	og	ug	eg
例词	换 [lik⁵⁵]	客人 [hek⁵⁵]	鞋子 [tsa:k³⁵]	断(棍子~了) [tak⁵⁵]	鸟儿 [nok⁴³]	花 [nuk⁴³]	擦(~手) [sək⁵⁵]

说明：韵母[ai]的实际音值，可记为[ei]。
韵母[on]的o，实际发音舌位偏高、前。

声调8个

声调序号	调值	水语拼音	描述	例词
1	24	l		手指[toŋ²⁴]
2	31	z		屋子[ɣa:n³¹]
3	33	c		梯子[ʔde³³]
4	42	x		蚯蚓[han⁴²]
5	35	s		翅膀[va³⁵]
6	55	h		坐~下[hui⁵⁵]

续 表

声调序号	调值		水语拼音	描述	例词
7	55 短元音		s	促声调	衣服 [ˀduk⁵⁵]
	35 长元音			促声调	鞋子 [tsaːk³⁵]
8	43		/ 不标	促声调	蜜蜂 [luk⁴³]

三都水语词汇

词条	国际音标	水语拼音	词条	国际音标	水语拼音
太阳	[ʔda²⁴van²⁴]	qdal vanl	月亮	[njan³¹]	nyanz
星星	[zət⁵⁵]	reds	云	[fa³³]	fac
风	[kʰaːŋ³⁵]	kaangs	台风	[kʰaːŋ³⁵lum²⁴]	kaangs luml
闪电名词	[ʔba³³laːp³⁵]	qbac laabs	雷	[qum⁴²ŋa³³]	ggumx nnac
雨	[fən²⁴]	fenl	下雨	[tok⁵⁵fən²⁴]	dogs fenl
淋敷雨～湿了	[ʔɣak⁵⁵]	qxgags	晒~粮食	[sa³⁵]	sas
雪	[ʔnui²⁴]	qnuil	冰	[ʔnui²⁴ɬet⁵⁵kwaːŋ³³]	qnuil jeeds gvaangc
冰雹	[ʔnui²⁴tin³¹hi³³]	qnuil dinz hic	霜	[ʔnui²⁴paːk⁴³]	qnuil baag
雾	[mon²⁴]	monl	露	[nam³³ɲi³¹]	namc nniz
虹	[ka²⁴jeŋ³³]	gal yeengc	日食	[qup⁵⁵tsje²⁴²da²⁴van²⁴]	ggubs zyeel qdal vanl

续表

词条	国际音标	水语拼音	词条	国际音标	水语拼音
月食	[qup⁵⁵tsje²⁴²daⁿ²⁴ⁿjaŋ³¹]	ggubs zyeel qdal nyanz	天气	[van²⁴ⁿbja:ŋ³³]	vanl mbyaangc
晴天~	[liŋ³³]	lingc	阴天~	[²njam³⁵]	qnyams
旱天~	[liŋ³³/siu³⁵/ɣa:ŋ³¹]	lingc/sius/xgaangz	劳天~	[nam³³la:u⁴²]	namc laox
天亮	[²bon²⁴²da:ŋ²⁴]	qbenl qdaangl	水田	[²ɣa³⁵ⁿnoŋ³¹]	qxgas nongz
旱地浇不上水的耕地	[ⁿda:i³⁵ɣa:ŋ³¹]	ndais xgaangz	田埂	[jan²⁴²ɣa³⁵]	yanl qxgas
路野外的	[kʰun²⁴]	kunl	山	[nu³¹]	nuz
山谷	[kʰoi³³nu³¹tsen³¹]	koic nuz zenz	江大的河	[²nja²⁴]	qnyal
溪小的河	[kui³³]	guic	水沟儿较小的水道	[kui³³ti³³]	guic dic
湖	[²nja²⁴la:u⁴²]	qnyal laox	池塘	[poŋ⁴²]	bongx
水坑儿地面上有积水的小连儿	[kui³³nam³³ti³³]	guic namc dic	洪水	[nam³³la:ŋ⁵⁵]	namc laangh

词条	国际音标	水语拼音	词条	国际音标	水语拼音
淹 被水淹一下	[nam³³tum⁴²]	namc dumx	河岸	[ʎa:i³⁵²nja²⁴]	jais qnyal
坝 拦河修筑拦水	[²da³⁵²bja:ŋ³¹]	qdas qbyaangz	地震	[²njan³⁵nu³¹tsən³¹]	qnyans nuz zenz
窟窿 小的	[tsuk⁴³koŋ⁵⁵]	zug gongh	缝儿 统称	[tsuk⁴³koŋ⁵⁵]	zug gongh
石头 统称	[tin³¹tʰwat³⁵]	dinz tvads	土 统称	[ku⁴²hum³⁵]	gux hums
泥 湿的	[hum³⁵²ɣak⁵⁵]	hums qxgags	水泥 旧称	[sui⁵⁵ni⁴²]	suih nix
沙子	[ⁿde²⁴]	ndeel	砖 整块的	[ʎon²⁴]	jonl
瓦 整块的	[jiu³¹/kwa:ŋ³⁵/ŋwa⁴²]	yiuz/gvaangs/ngvax	煤	[mai⁴²]	meix
煤油	[mai⁴²jiu⁴²]	meix yiux	炭 木炭	[tʰa:n³⁵]	taans
灰 烧成的	[vuk⁵⁵]	vugs	灰尘 桌面上的	[vən²⁴/vən²⁴tson³¹/tsot⁴³tson³¹]	venl/venl zonz/zod zonz
火	[vi²⁴]	vil	烟 整缕水形成的	[kwan³¹]	gvanz
失火	[pʰi³⁵vi²⁴]	pis vil	水	[nam³³]	namc

续　表

词条	国际音标	水语拼音	词条	国际音标	水语拼音
凉水	$[\text{nam}^{33}\text{ŋan}^{35}]$	namc hngans	热水_{洗脸用}	$[\text{nam}^{33n}\text{du}^{33}]$	namc nduc
开水_{喝的}	$[\text{nam}^{33}\text{sut}^{55}]$	namc suds	磁铁	$[\text{ts}^{\text{h}}\text{1}^{42}\text{t}^{\text{h}}\text{je}^{31}]$	cix tyeez
时候_{吃饭的～}	$[\text{ti}^{33}\text{tsja:ŋ}^{31}]$	dic zyaangz	什么时候	$[\text{ʔbon}^{24}\text{ŋu}^{24}/\text{ɬ1}^{h35}\text{ŋu}^{24}]$	qbenl hnul/qis hnul
现在	$[\text{tsja:ŋ}^{31}\text{na:i}^{55}/$ $\text{ɬ1}^{h35}\text{na:i}^{55}]$	zyaangz naih/qis naih	以前	$[\text{tsa:u}^{42}\text{tsa}^{35}/\text{ʔjət}^{55^2}\text{jo}^{33}]$	zaox zas/qyeds qyoc
以后_{十年～}	$[\text{ʔmu}^{33}\text{na}^{33}/$ $\text{haŋ}^{31}\text{lən}^{31}]$	qmuc nac/hangz lenz	一辈子	$[\text{ti}^{33\text{-}55}\text{ti}^{'}\text{zən}^{24}]$	dic dih renl
今年	$[^{\text{m}}\text{be}^{24}\text{na:i}^{55}]$	mbeel naih	明年	$[^{\text{m}}\text{be}^{24}\text{na}^{33}]$	mbeel nac
后年	$[^{\text{m}}\text{be}^{24}\text{lən}^{31}]$	mbeel lenz	去年	$[^{\text{m}}\text{be}^{24}\text{ɲu}^{31}]$	mbeel nnuz
前年	$[^{\text{m}}\text{be}^{24}\text{kon}^{35}]$	mbeel gons	往年_{过去的年份}	$[^{\text{m}}\text{be}^{24}\text{kon}^{35}\text{ljon}^{42}]$	mbeel gons lyonx
年初	$[\text{ku}^{33\text{m}}\text{be}^{24}]$	guc mbeel	年底	$[\text{tən}^{33\text{m}}\text{be}^{24}]$	denc mbeel
今天	$[\text{van}^{24}\text{na:i}^{55}]$	vanl naih	明天	$[\text{van}^{24^2}\text{mu}^{33}]$	vanl qmuc
后天	$[\text{van}^{24}\text{na}^{33}]$	vanl nac	大后天	$[\text{van}^{24}\text{niŋ}^{24}]$	vanl ningl

续　表

词条	国际音标	水语拼音	词条	国际音标	水语拼音
昨天	[ˌvan²⁴²n̩u²⁴]	vanl qnnul	前天	[van²⁴kon³⁵]	vanl gons
大前天	[van²⁴kon³⁵ljon⁴²]	vanl gons lyonx	整天	[lən⁴²van²⁴]	lenx vanl
每天	[jən³¹van²⁴]	yenz vanl	早晨	[ɕet⁵⁵ham²⁴]	xeeds haml
上午	[ʔbən²⁴ɕet⁵⁵]	qbenl xeeds	中午	[ta³⁵van²⁴]	das vanl
下午	[ʔbən²⁴van²⁴]	qbenl vanl	傍晚	[ʔbən²⁴²ȵam³⁵]	qbenl qnnams
白天	[ʔbən²⁴van²⁴]	qbenl vanl	夜晚 与白天相对，统称	[ʔbən²⁴²ȵam³⁵]	qbenl qnnams
半夜	[ʔbən²⁴saːn³¹]	qbenl saanz	正月 农历	[njan³¹tsjeŋ²⁴]	njanz zyeengl
大年初一 农历	[so²⁴²jət⁵⁵]	sol qyeds	元宵节	[so²⁴ŋo⁴²]	sol ngox
清明	[siŋ³¹miŋ³¹]	singz mingz	端午	[li⁴²vaŋ⁴²]	lix vangx
七月十四 相当于中元节	[ʈʰi³¹vje³¹paːn³⁵]	qiz vyeez baans	中秋	[tsuŋ³³ʈʰiu³³]	zungc qiuc
冬至	[tuŋ³³tsɿ²⁴]	dungc zil	腊月 农历十二月	[njan³¹sup⁵⁵ȵi⁵⁵]	nyanz subs nnih

续　表

词条	国际音标	水语拼音	词条	国际音标	水语拼音
除夕	[²ɳam³⁵haːm²⁴sup⁴³]	qnnams haaml sub	历书	[le²⁴faːŋ⁴²i³¹]	leel faangx liz
阴历	[njen³¹sui³³]	nyeenz suic	阴历	[njen³¹ka⁴²]	nyeenz gax
星期天	[ɕin³³ȵ̥ʰ¹³³tʲjan³³]	xinc qic tyanc	地方	[ta³⁵hən³¹]	das henz
什么地方从~滚下来	[hən³¹ŋu²⁴naːi⁵⁵]	henz hnul naih	家里	[ʁaːu³³ɣaːn³¹]	xggaoc xgaanz
城里	[ʁaːu³³qaːi²⁴]	xggaoc ggail	乡下	[hən³¹ti³³]	henz dic
上面从~滚下来	[²u²⁴]	ul	下面从~爬上来	[te³³]	deec
左边	[si⁴²]	six	右边	[fa²⁴]	fal
中间排队~在	[tum³³ta³⁵]	dumc das	前面排队排在~	[²na³³]	qnac
后面排队~在	[lən³¹]	lenz	末尾排队排在~	[ton⁴²lən³¹]	donx lenz
对面	[²waːŋ³⁵²na³³]	qwaangs qnac	面前	[²waːŋ³⁵²na³³]	qwaangs qnac
背后	[ku³³lən³¹]	guc lenz	里面躲在~	[ku³³ʁaːu³³]	guc xggaoc
外面衣服晾~在	[ku³³²nuk⁵⁵]	guc qnugs	旁边	[ɬaːi³⁵]	jais

续　表

词条	国际音标	水语拼音	词条	国际音标	水语拼音
上嘴在桌子～	[ka³¹²u²⁴]	gaz ul	下凳子在桌子～	[te³³]	deec
边儿桌子的～	[ɕa:i³⁵]	jais	角儿桌子的～	[pa:u²⁴]	baol
上去他～了	[pa:i²⁴²u²⁴]	bail ul	下来他～了	[taŋ²⁴te³³]	dangl deec
进去他～了	[pa:i²⁴ʁa:u³³]	bail xggaoc	出来他～了	[taŋ²⁴lən³¹]	dangl lenz
出去他～了	[pa:i²⁴lən³¹]	bail lenz	回来他～了	[taŋ²⁴ʁa:u³³]	dangl xggaoc
起来天冷～了	[tsən³¹taŋ²⁴]	zenz dangl	树	[mai⁴²]	meix
木头	[quŋ²⁴mai⁴²]	ggungl meix	松树统称	[mai⁴²so³³]	meix soc
柏树统称	[mai⁴²ŋau⁵⁵]	meix ngouh	杉树	[mai⁴²fa:k³⁵]	meix faags
柳树	[mai⁴²ju⁴²]	meix lyux	竹子统称	[fan²⁴]	fanl
笋	[na:ŋ²⁴]	naangl	叶子	[va³⁵]	vas
花	[nuk⁴³]	nug	花蕾花骨朵	[nuk⁴³pup⁵⁵]	nug bubs
梅花	[mai⁴²hwa³³]	meix hvac	牡丹	[mu⁵⁵tan³³]	muh danc

续　表

词条	国际音标	水语拼音	词条	国际音标	水语拼音
荷花	[nuk⁴³²doŋ³³]	nug qdongc	草	[kaŋ²⁴/ja²⁴]	gangl/yal
藤	[ja:u²⁴]	yaol	刺名词	[ⁿdun²⁴/ŋa:ŋ³³]	ndunl/hmaangc
水果	[lam²⁴mai⁴²]	laml meix	苹果	[pʰin⁴²ko⁵⁵]	pinx goh
桃子	[faŋ²⁴]	fangl	梨	[ʝai³¹]	xgeiz
李子	[man³³]	manc	杏	[fuŋ²⁴]	fungl
橘子	[qa:m³⁵]	ggaams	柚子	[qa:m³⁵taŋ³¹]	ggaams dangz
柿子	[min⁴²]	minx	石榴	[lam²⁴sʅ³¹liu⁴²]	laml siz liux
枣	[tsa:u⁵⁵]	zaoh	栗子	[twa:i³⁵]	dvais
核桃	[ʝai³¹pʰa:u⁴²]	xgeiz taox	银杏白果	[jin⁴²ɕin²⁴]	yinx xinl
甘蔗	[ʔui³³]	uic	木耳	[ʁa²⁴meu⁴²]	xggal meeux
蘑菇野生的	[ʁa²⁴]	xggal	香菇	[ʁa²⁴]	xggal
稻子指植物	[van²⁴²au⁴²]	vanl oux	稻谷稻子果实，去壳后是大米	[ʔau⁴²ɕik³⁵]	oux jigs

续　表

词条	国际音标	水语拼音	词条	国际音标	水语拼音
稻草脱粒后的	[va:ŋ²⁴]	vaangl	大麦指植物	[ʔau⁴²mo⁵⁵]	oux moh
小麦指植物	[ʔau⁴²mo⁵⁵ti³³]	oux moh dic	麦秸脱粒后的	[va:ŋ²⁴ʔau⁴²mo⁵⁵]	vaangl oux moh
谷子指植物，子实脱粒后是小米	[ʔau⁴²fja:ŋ³³]	oux fyaangc	高粱指植物	[ʔau⁴²mek⁴³mbja:ŋ²⁴]	oux meeg mbyaangl
玉米指成株的植物	[ʔau⁴²mek⁴³]	oux meeg	棉花指植物	[fa:i³⁵]	fais
油菜油料作物，非蔬菜	[ʔma²⁴man³¹]	qmal manz	芝麻	[ʔŋa²⁴]	qngal
向日葵	[ʔda²⁴van²⁴]	qdal vanl	蚕豆	[to⁵⁵]	doh
豌豆	[to⁵⁵vaŋ⁴²]	doh vangx	花生指果实	[to⁵⁵hum³⁵]	doh hums
黄豆	[to⁵⁵man³³]	doh manc	绿豆	[to⁵⁵cu²⁴]	doh xul
豇豆长条形的	[to⁵⁵pa:u²⁴]	doh baol	大白菜	[ʔma²⁴pa:k⁴³]	qmal baag
包心菜卷心菜球形的	[ljan⁴²hwa³³pə³¹]	lyanx hvac bez	菠菜	[ʔma²⁴pɔ³³tsʰa:i²⁴]	qmal boc cail

续 表

词条	国际音标	水语拼音
芹菜	$[ɬ^hin^{42}ts^ha:i^{24}]$	qinx cail
韭菜	$[ŋam^{31}/kɔ^{55}ɬu^{33}]$	ngamz/geh juc
葱	$[so^{33}]$	soc
姜	$[siŋ^{24}]$	singl
辣椒 统称	$[lja:n^{35}]$	lyaans
西红柿	$[kwa^2tjup^{55}]$	gval dyubs
胡萝卜	$[^?ma^{24}pak^{43}ha:n^{33}]$	qmal bag haanc
丝瓜 无棱的	$[kwa^{242}da:t^{35}]$	gval qdaads
荸荠	$[ɬu^{42}hut^{43}]$	jux hud
马铃薯	$[ja:ŋ^{42}vi^{24}]$	yaangx vil
山药 圆柱形的	$[man^{31}luk^{55}]$	manz lugs

词条	国际音标	水语拼音
莴笋	$[^?ma^{24}qa:i^{35}]$	qmal ggais
香菜 芫荽	$[^?ma^{24n}da:ŋ^{35}]$	qmal ndaangs
蒜	$[to^{31}]$	doz
洋葱	$[jaŋ^{42}tʂhuŋ^{33}]$	yangx cungc
茄子 统称	$[ɬa^{55}]$	jah
萝卜 统称	$[^?ma^{24}pak^{43}]$	qmal bag
黄瓜	$[kwa^{24}dai^{35}]$	gval ndeis
南瓜 偏圆形或梨形，成熟时赤褐色	$[pu^{31}]$	buz
红薯 统称	$[man^{31}ha:n^{33}/man^{31}ta:ŋ^{31}]$	manz haanc/manz daangz
芋头	$[sui^{33}vi^{24}]$	suic vil
藕	$[lam^{24}ɬi^{42}hut^{43}]$	laml jix hud

续　表

词条	国际音标	水语拼音	词条	国际音标	水语拼音
老虎	$[\,mum^{42}\,]$	mumx	猴子	$[\,mon^{55}\,]$	monh
蛇	$[\,hui^{31}\,]$	huiz	老鼠家里的	$[\,\mathring{\eta}o^{33}\,]$	hnnoc
蝙蝠	$[\,qo^{31}\,]$	ggoz	鸟儿飞的，统称	$[\,nok^{43}\,]$	nog
麻雀	$[\,nok^{43}\,pa{:}k^{35}\,\textipa{\:l}a{:}\eta^{24}\,]$	nog baags jaangl	喜鹊	$[\,nok^{43}/\textctc i^{55}t\textltailp o^{31}\,]$	nog/xih qoz
乌鸦	$[\,qa^{24}\,]$	ggal	鸽子	$[\,to^{31}pau^{31}\,]$	doz bouz
翅膀鸟的，统称	$[\,va^{35}\,]$	vas	爪子鸟的，统称	$[\,sim^{33}\,]$	simc
尾巴	$[\,h\textschwa t^{43}\,]$	hed	窝鸟的	$[\,qo^{33}\,]$	ggoc
虫子统称	$[\,nui^{31}\,]$	nuiz	蝴蝶统称	$[\,{}^{\textipa{P}}ba^{33}\,]$	qbac
蜻蜓统称	$[\,t\textteshlig en^{55}\,]$	dyenh	蜜蜂统称	$[\,luk^{43}\,]$	lug
蜂蜜	$[\,ta{:}\eta^{31}luk^{43}\,]$	daangz lug	知了统称	$[\,to^{31}ke^{33}\textltailn i^{33}\,]$	doz geec mic
蚂蚁	$[\,m\textschwa t^{43}\,]$	med	蚯蚓	$[\,han^{42}\,]$	hanx
蚕	$[\,qa{:}u^{33}\,]$	ggaoc	蜘蛛会结网的	$[\,\gamma o^{24}\,]$	xgol

续　表

词条	国际音标	水语拼音	词条	国际音标	水语拼音
蚊子_{统称}	[lja:n^{35}]	lyaanc	苍蝇_{统称}	[lja:n^{33}qe^{42}]	lyaanc ggeex
跳蚤_{吸人的}	[ŋat^{55}]	hmads	虻子	[nan^{31}]	nanz
鱼	[mom^{55}]	momh	鲤鱼	[mom^{55}ɣa^{35}]	momh qxgas
鳙鱼_{胖头鱼}	[mom^{55}]	momh	鲫鱼	[mom^{55}]	momh
甲鱼	[tja:u^{35}]	dyaos	鳞_{鱼的}	[ʔdjen^{35}]	qdyens
虾_{统称}	[ʔnoŋ^{35}]	qnnongs	螃蟹_{统称}	[ka:m^{55}]	gaamh
青蛙_{统称}	[qup^{55}]	ggubs	癞蛤蟆_{表皮多疙瘩}	[si^{24}miŋ^{31}/to^{312}je^{24}]	sil mingz/doz qyeel
马	[ma^{42}]	max	驴	[lo^{31}]	loz
骡	[lo^{31}la:u^{42}]	loz laox	牛	[po^{42}kui^{31}]	box/guiz
公牛_{统称}	[tak^{43}po^{42}]	dag box（box dag 亦可）	母牛_{统称}	[ni^{42}po^{42}]	nix box
放牛	[huŋ^{35}po^{42}]	hungs box	羊	[fa^{31}]	faz

续　表

词条	国际音标	水语拼音	词条	国际音标	水语拼音
猪	[mu̥³⁵]	hmus	种猪_{配种用的公猪}	[mu̥³⁵ pʰə³¹ lai²⁴]	hmus pez leil
公猪_{成年的,已阉的}	[mu̥³⁵ pui²⁴]	hmus buil	母猪_{成年的,未阉的}	[mu³⁵ luŋ³³ / mu̥³⁵ ni⁴²]	hmus lungc/hmus nix
猪崽	[mu̥³⁵ ti³³]	hmus dic	猪圈	[ɣuŋ⁵⁵]	xgungh
养猪	[ha:ŋ⁴² mu̥³⁵ / sai⁵⁵ mu̥³⁵]	haangx hmus/seih hmus	猫	[meu⁴²]	meeux
公猫	[ʔɣoŋ²⁴ meu⁴²]	qxgongl meeux	母猫	[ni⁴² meu⁴²]	nix meeux
狗_{统称}	[ma²⁴]	hmal	公狗	[ɣoŋ²⁴ ma²⁴]	xgongl hmal
母狗	[ni⁴² ma²⁴ / ɣa:ŋ³⁵ ma²⁴]	nix hmal/xggaangs hmal	叫_{狗~}	[kʰau³⁵]	kous
兔子	[tʰu²⁴]	tul	鸡	[qa:i³⁵]	ggais
公鸡_{成年的,未阉的}	[qa:i³⁵ hai³³]	ggais heic	母鸡_{已下过蛋的}	[qa:i³⁵ ɣa:ŋ³⁵]	ggais xggaangs

续　表

词条	国际音标	水语拼音	词条	国际音标	水语拼音
叫公鸡~（即打鸣儿）	[ɬan³¹]	janz	下鸡~蛋	[kai³⁵]	geis
孵~小鸡	[pjam²⁴]	byaml	鸭	[ʔep⁵⁵]	eebs
鹅	[ŋa:n⁵⁵]	ngaanh	阉~公的猪	[ʔjem²⁴]	qyeeml
阉~母的猪	[ʔjem²⁴]	qyeeml	阉~母鸡	[ʔjem²⁴]	qyeeml
喂~猪	[sai⁵⁵]	seih	杀猪统称，注意婉称	[ha³³ m̥u³⁵]	hac hmus
杀~鱼	[ha³³]	hac	村庄一个~	[ʔba:n³³]	qbaanc
胡同统称，一条~	[ʁau³³ba:n³³]	xggouc qbaanc	街道	[ta⁵⁵ qa:i²⁴]	dah ggail
盖房子	[mu³¹ya:n³¹]	muz xgaanz	房子整座的，不包括院子	[ya:n³¹]	xgaanz
屋子房子里分隔而成，统称	[ya:n³¹]	xgaanz	卧室	[hum⁴²]	humx
茅屋茅草等盖的	[ya:n³¹ ja²⁴]	xgaanz yal	厨房	[ʔwu²⁴ laŋ⁴²]	qwul langx

续表

词条	国际音标	水语拼音	词条	国际音标	水语拼音
灶统称	[ⁿdum³⁵]	ndums	锅统称	[tseŋ⁵⁵]	zeengh
饭锅煮饭的	[tseŋ⁵⁵tau³³]	zeengh douc	菜锅炒菜的	[tseŋ⁵⁵²aːm³³]	zeengh aamc
厕所旧式的，统称	[kʰuŋ³³qe⁴²]	kungc ggeex	檩左右方向的	[tiu³¹ɕai³¹]	diuz xeiz
柱子	[ʁaːm³³]	xggaamc	大门	[to²⁴laːu⁴²]	dol laox
门槛儿	[ʁaŋ³³ʔto²⁴]	xggangc dol	窗旧式的	[to²⁴faːŋ²⁴]	dol faangl
梯子可移动的	[ʔde³³]	qdeec	扫帚统称	[mai⁴²tjət⁵⁵]	meix dyeds
扫地	[tjət⁵⁵jaːn³¹]	dyeds xgaanz	垃圾	[qa³⁵taːk⁴³]	ggas daag
家具统称	[ɣau³⁵jaːn³¹]	xgous xgaanz	东西我的	[ɣau³⁵]	xgous
炕垫垫东西用的	[taːu³¹]	daoz	床木棚的，睡觉用	[taːu³¹]	daoz
枕头	[tjak⁵⁵qam⁴²]	dyaqs ggamx	被子	[mjan³¹]	myanz
棉絮	[haːi⁴²mjan³¹]	haix myanz	床单	[ʔdeŋ³⁵taːu³¹]	qdeengs daoz
裤子	[haːi⁴²mjan³¹]	heix myanz	席子	[ʔbin³³]	qbinc 草席

续　表

词条	国际音标	水语拼音	词条	国际音标	水语拼音
蚊帐	[hun^{33}]	hunc	桌子统称	[ɕi^{33}]	xic
柜子统称	[tɕui^{55}]	juih	抽屉桌子的	[hai^{42}tɕui^{55}]	heix juih
案子长条形的	[ɕi^{33}lau^{42}]	xic loux	椅子统称	[ʔun^{24}]	unl
凳子统称	[ʔun^{24}taŋ^{35}]	unl dangs	马桶有盖的	[tʰoŋ^{33}qe^{42}]	tongc ggeex
菜刀	[mit^{43}]	mid	瓢舀水的	[ʔbja:i^{35}]	qbyais
缸	[ʁa:m^{35}]	xggaams	坛子装酒的;泡菜坛	[hoŋ^{24}/ʔan^{24}]	hongl/anl
瓶子装酒~	[pʰin^{42}]	pinx	盖子杯子的~	[qam^{33}]	ggamc
碗统称	[tui^{42}]	duix	筷子	[tsu^{55}]	zuh
汤匙	[tʰja:u^{42}kən^{33}]	tyaox genc	柴火统称	[ⁿdjet^{55}vi^{24}]	ndyeds vil
火柴	[ja:ŋ^{42}ho^{55}]	yaangx hoh	锁	[mai^{42}si^{31} / mai^{42}fuŋ^{33}]	meix siz/meix fungc
钥匙	[tiu^{31}mai^{42}si^{31}]	diuz meix siz	暖水瓶	[non^{55}pʰin^{42}]	nonh pinx

续　表

词条	国际音标	水语拼音	词条	国际音标	水语拼音
脸盆	[pən^{31} suk^{432}na^{33}]	penz sug qnac	洗脸水	[nam^{33} suk^{432}na^{33}]	namc sug qnac
毛巾洗脸用	[ʔma:n^{35} suk^{432}na^{33}]	qmaans sug qnac	手绢	[ʔma:n^{35} sək^{55}mja^{24}]	qmaans seqs myal
肥皂洗衣服用	[fai^{42}tsa:u^{24}]	feix zaol	梳子旧式的，非篦子	[se^{24}]	seel
缝衣针	[sum^{24}tip^{552}duk^{55}]	suml tibs qdugs	剪子	[jiu^{24}]	yiul
蜡烛	[la^{31}tsu^{31}]	laz zuz	手电筒	[tjan^{24}tʰuŋ^{42}]	dyanl tungx
雨伞挡雨的，统称	[tjum^{24}]	dyuml	自行车	[ta:n^{33}ts^{h}e^{33}]	daanc ceec
衣服统称	[ʔduk^{55}]	qdugs	穿~衣服	[tan^{33}]	danc
脱~衣服	[pjut^{55}]	byuds	系~鞋带	[yat^{43}]	xgad
衬衫	[ʔduk^{55}ha:i^{42}]	qdugs haix	背心带两条杠的，内衣	[ʔduk^{55}ha:i^{42}ti^{33}]	qdugs haix dic
毛衣	[ʔduk^{55}ma:u^{42}ji^{33}]	qdugs maox yic	棉衣	[ʔduk^{55}mjan^{31}]	qdugs myanz
袖子	[tʰin^{242}duk^{55}]	qinl qdugs	口袋衣服上的	[pʰeu^{24}]	peeul

续表

词条	国际音标	水语拼音	词条	国际音标	水语拼音
裤子	[huŋ³³]	hungc	短裤外穿的	[huŋ³³qon⁴²]	hungc ggonx
裤腿	[pa²⁴huŋ³³]	bal hungc	帽子统称	[non⁴²]	nnonx
鞋子	[tsa:k³⁵]	zaags	袜子	[jo²⁴/ma:t³⁵]	yol/maads
围巾	[wai⁴²ɕin³³]	weix jinc	围裙	[ʔma:n³⁵qu³⁵]	qmaans ggus
尿布	[fon³³]	fonc	扣子	[lu³¹]	luz
扣~扣子	[tap³⁵]	dabs	戒指	[fin²⁴]	finl
手镯	[vən³⁵]	vens	理发	[hut⁵⁵qam⁴²]	huds ggamx
梳头	[se²⁴qam⁴²]	seel ggamx	米饭	[ʔau⁴²]	oux
稀饭用米煮的,统称	[ʔau⁴²qeŋ²⁴ʔo⁵⁵/ ʔau⁴²qeŋ²⁴]	oux ggeengl loh/oux ggeengl	面粉麦子磨的,统称	[fa⁵⁵ʔau⁴²mo⁵⁵]	fah oux moh
面条统称	[mjan²⁴tʰja:u⁴²]	myanl tyaox	面儿玉米~、陳椒~	[fa⁵⁵]	fah
馒头无馅的,统称	[man⁴²tʰau⁴²]	manx toux	包子	[pa:u³³tsʅ⁵⁵]	baoc zih

续　表

词条	国际音标	水语拼音	词条	国际音标	水语拼音
饺子	[ʑa:u⁵⁵tsɿ⁵⁵]	jaoh zih	馄饨	[kʰun⁴²tʰen³³]	kunx teenc
馅儿	[ha:i⁴²]	haix	油条 长条形的，旧称	[jiu⁴²tʰja:u⁴²]	yiux tyaox
豆浆	[lu³⁵⁵⁵]	lus doh	豆腐脑	[to⁵⁵na:u⁵⁵]	doh naoh
元宵 食品	[ɕi³¹]	xiz	粽子	[²jut⁵⁵]	qyuds
年糕 用黏性大的米或米粉做的	[ɕi³¹]	xiz	点心 统称	[ta:ŋ³¹]	daangz
菜 下饭的，统称	[²ma²⁴]	qmal	干菜 统称	[²ma²⁴qa:t³⁵]	qmal ggaads
豆腐	[to⁵⁵kwa:i³⁵]	doh gvais	猪血 当菜的	[pʰja:i³⁵m̥u³⁵]	pyais hmus
猪晦 当菜的	[ɕim³³m̥u³⁵]	ximc hmus	猪舌头 当菜的	[ma³¹m̥u³⁵]	maz hmus
猪肝 当菜的	[tap⁵⁵m̥u³⁵]	dabs hmus	下水 猪羊的肉脏	[tsa³¹sui²⁴]	zaz suil
鸡蛋	[kai³⁵qa:i³⁵]	geis ggais	松花蛋	[pʰi⁴²tan²⁴]	pix danl
猪油	[man³¹m̥u³⁵]	manz hmus	香油	[ɕa:ŋ³³jau⁴²]	xaangc youx

续表

词条	国际音标	水语拼音	词条	国际音标	水语拼音
酱油	[ɬaːŋ²⁴ŋjau⁴²]	jaangl youx	盐 名词	[ʔdwa²⁴]	qdval
醋	[tsʰu²⁴]	cul	香烟	[ʔjan²⁴]	qyanl
旱烟	[ʔjan²⁴qʰa²⁴]	qyanl kkal	白酒	[haːu³³]	haoc
黄酒	[haːu³³]	haoc	江米酒 酒酿，醪糟	[haːu³³⁷au⁴²]	haoc oux
茶叶	[tsja³¹]	zyaz	沏茶	[ɣen⁵⁵tsja³¹]	xgeenh zyaz
冰棍儿	[pin³³paːŋ²⁴]	binc baangl	做饭 统称	[ɕuŋ²⁴²au⁴²]	xungl oux
炒菜 统称，和做饭相对	[saːu³³ʔaːm³³]	saoc aamc	煮~带壳的鸡蛋	[ɕuŋ²⁴]	xungl
煎~鸡蛋	[tsjan³⁵]	zyans	炸~油条	[tsa³¹]	zaz
蒸~鱼	[ⁿdaːu³³]	ndaoc	揉~面做馒头	[njut⁵⁵]	nyuds
擀~面 ~皮儿	[njut⁵⁵]	nyuds	吃早饭	[tsje²⁴²au⁴²ham²⁴]	zyeel oux haml
吃午饭	[tsje²⁴²auᵛvan²⁴]	zyeel oux vanl	吃晚饭	[tsje²⁴²au⁴²ŋam³⁵]	zyeel oux qnnams

续　表

词条	国际音标	水语拼音	词条	国际音标	水语拼音
吃~饭	$[\text{tsje}^{24}]$	zyeel	喝~酒	$[\text{ɣum}^{42}]$	xgumx
喝~茶	$[\text{ɣum}^{42}]$	xgumx	抽~烟	$[\text{ɕut}^{55}]$	xuds
盛~饭	$[\text{te}^{33}]$	deec	夹 用筷子~菜	$[\text{hap}^{55}]$	habs
斟~酒	$[^2\text{jau}^{35}]$	qyous	渴口~	$[\text{siu}^{35}\text{pa:k}^{35}]$	sius baags
饿~肚子~	$[^2\text{ja:k}^{35}]$	qyaags	噎吃~饭~着了	$[^2\text{dak}^{55}]$	qdags
头人的,统称	$[\text{qam}^{42}]$	ggamx	头发	$[\text{pjam}^{24}\text{qam}^{42}]$	byaml ggamx
辫子	$[\text{pjam}^{24}\text{qam}^{42}]$	byaml ggamx	旋	$[\text{tsa}^{24}]$	zal
额头	$[\text{ta}^{35}\text{pja:k}^{35}]$	das byaags	相貌	$[\text{pa}^{35\vee2}\text{na}^{33}]$	bas qnac
脸洗~	$[^2\text{na}^{33}]$	qnac	眼睛	$[^n\text{da}^{24}]$	ndal
眼珠统称	$[^n\text{ui}^{55n}\text{da}^{24}]$	nnuih ndal	眼泪哭的时候流出来的	$[\text{nam}^{33n}\text{da}^{24}]$	namc ndal
眉毛	$[\text{miŋ}^{31n}\text{da}^{24}]$	mingz ndal	耳朵	$[\text{q}^{\text{h}}\text{a}^{24}]$	kkal
鼻子	$[\textint^{24\vee2}\text{naŋ}^{24}]$	qinl qnangl	鼻涕统称	$[\text{muk}^{55}]$	mugs

续表

词条	国际音标	水语拼音	词条	国际音标	水语拼音
擤~鼻涕	[ɣaŋ⁵⁵]	xgangh	嘴巴 人的，统称	[paːk³⁵]	baags
嘴唇	[vi³⁵paːk³⁵]	vis baags	口水~流出来	[ʁe²⁴]	xggeel
舌头	[ma³¹]	maz	牙齿	[vjan²⁴/ɕiu³³]	vyanl/xiuc
下巴	[te³³ʁaːŋ²⁴]	deec xggaangl	胡子 嘴周围的	[njut⁴³]	nyud
脖子	[qo⁴²]	ggox	喉咙	[jen²⁴qo⁵⁵]	yeenl ggoh
肩膀	[ʔu²⁴haˀ²⁴]	ul hal	胳膊	[ɬʰin²⁴]	qinl
手 是否包括臂	[mja²⁴]	myal	左手	[mja²⁴si⁴²]	myal six
右手	[mja²⁴fa²⁴]	myal fal	拳头	[ɬon³¹]	jonz
手指	[toŋ²⁴]	dongl	大拇指	[toŋ²⁴laːu⁴²]	dongl laox
食指	[toŋ²⁴ʔaːm³³]	dongl aamc	中指	[toŋ²⁴ta³⁵]	dongl das
无名指	[toŋ²⁴mi⁴²]	dongl mix	小拇指	[toŋ²⁴tiː³³]	dongl dic
指甲	[ljap⁵⁵toŋ²⁴]	lyabs dongl	腿	[ɬau⁴²]	joux

续　表

词条	国际音标	水语拼音	词条	国际音标	水语拼音
脚是否包括大、小腿名词	[tin²⁴]	dinl	膝盖指部位	[qam⁴² qu³⁵]	ggamx ggus
背名词	[ta³³la:i²⁴]	dac lail	肚子腹部	[loŋ³¹]	longz
肚脐	[ha:i⁴²dwa²⁴]	haix qdval	乳房女性的	[tju⁴²]	dyux
屁股	[tsɔ³¹qe⁴²/num³⁵]	zez ggeex/qnums	肛门	[tsum³¹qe⁴²]	zumz ggeex
阴茎成人的	[pau³¹/lai³³]	bouz/leic	女阴成人的	[pau³¹ȵi²⁴]	bouz hnmil
禽动词	[kau²⁴/tjeŋ²⁴]	goul/dyengl	精液	[lai²⁴]	leil
来月经注意蜕称	[ka:i³⁵njan³¹]	gais nyanz	拉屎	[qe⁴²]	ggeex
撒尿	[ʔniu³⁵]	qnius	放屁	[tɔt⁵⁵]	deds
相当于骂人的口头头禅	[tjeŋ²⁴ni⁴²na³¹]	dyengl nix nnaz	病丁	[ɕin²⁴ʈit⁵⁵]	xinl jids
着凉	[ʔȵit⁵⁵]	qnnids	咳嗽	[kʰuk⁵⁵ɣuk⁴³]	kugs xgug
发烧	[sut⁵⁵na:n⁴²]	suds naanx	发抖	[ʔȵit⁵⁵ŋo²⁴]	qnmids hmol

续　表

词条	国际音标	水语拼音	词条	国际音标	水语拼音
肚子疼	$[\textipa{ɕit}^{55}\text{loŋ}^{31}]$	jids longz	拉肚子	$[^{n}\text{daŋ}^{35}\text{loŋ}^{31}]$	ndangs longz
患疟疾	$[^{2}\text{n̥it}^{55}\text{ŋ̥o}^{24}]$	qnnids hnol	中暑	$[\text{ɕin}^{24}\text{sja}^{33}]$	xinl syac
肿	$[^{2}\text{wom}^{24}]$	qwoml	化脓	$[\text{ɕin}^{24}\text{sok}^{43}]$	xinl sog
疤 好了的	$[\text{lan}^{35}]$	lans	癣	$[\text{sə}^{42}\text{tan}^{33}]$	sex danc
痣 凸起的蚊子咬后形成的	$[\text{m̥ui}^{24}]$	hmuil	疙瘩 蚊子咬后形成的	$[^{2}\text{maːk}^{35}]$	qmaags
狐臭	$[\text{ŋ̥u}^{24}\text{fja}^{24}/\text{ŋ̥u}^{24}\text{fjat}^{55}]$	hnnul fyal/hnnul fyads	看病	$[\text{qau}^{35}\text{ɕit}^{55}]$	ggous jids
诊脉	$[\text{qau}^{35}\text{ɕit}^{55}]$	ggous jids	针灸	$[\text{ta}^{33}\text{jin}^{42}\text{tsən}^{33}]$	dac yinx zenc
打针	$[\text{ta}^{33}\text{tsən}^{33}]$	dac zenc	打吊针	$[\text{tjaːu}^{24}\text{jan}^{42}\text{sui}^{55}]$	dyaol yanx suih
吃药 猪称	$[\text{tsje}^{24}\text{ha}^{31}]$	zyeel haz	汤药	$[\text{lu}^{35}\text{ha}^{31}]$	lus haz
病轻了	$[\text{ɕit}^{55}\text{ti}^{33}]$	jids dic	说媒	$[\text{he}^{42}\text{loŋ}^{35}]$	heex longs
媒人	$[\text{ni}^{42}\text{loŋ}^{35}]$	nix longs	相亲	$[\text{tu}^{33}\text{t}^{h}\text{am}^{35}]$	duc tams

续　表

词条	国际音标	水语拼音	词条	国际音标	水语拼音
订婚	[tsje²⁴ha:u³³ti³³]	zyeel haoc dic	嫁妆	[hun⁴²ɣau³⁵]	hunx xgous
结婚统称	[tsje²⁴ha:u³³la:u⁴²]	zyeel haoc laox	娶妻子	[²a:u²⁴ni⁴²ᵇja:k³⁵]	aol nix qbyaags
出嫁女子一	[ɬa³⁵]	jas	拜堂	[ɬok⁵⁵qoŋ³⁵pu⁴²]	jogs ggongs bux
新郎	[la:k⁴³ha:u⁴²]	laag haox	新娘子	[la:k⁴³ɕa³³]	laag xac
孕妇	[ni⁴²tʰjak⁵⁵la:k⁴³]	nix tyags laag	怀孕	[tʰjak⁵⁵la:k⁴³]	tyags laag
害喜妊娠反应	[jo³³qo⁴²/pʰja³³ha:i⁴²]	yoc ggox/pyac haix	分娩	[ha:ŋ⁴²la:k⁴³]	haangx laag
流产	[tok⁵⁵la:k⁴³]	dogs laag	双胞胎	[la:k⁴³fi⁴²fiŋ³⁵]	laag fix fings
坐月子	[hui⁵⁵ʑa:u³³njan³¹]	huih xggaoc nyanz	吃奶	[tsje²⁴tju⁴²]	zyeel dyux
断奶	[qa:i²⁴tju⁴²]	ggail dyux	满月	[tik⁵⁵njan³¹]	digs nyanz
生日统称	[tik⁵⁵mbe²⁴]	digs mbeel	做寿	[qaŋ³⁵mbe²⁴]	ggangs mbeel
死魏称	[tai²⁴]	deil	死魏称	[zen²⁴la:u⁴²]	reenl laox

续　表

词条	国际音标	水语拼音	词条	国际音标	水语拼音
自杀	[tɕje²⁴ha³¹/tʃiu³⁵qo⁴²/tʃiu³⁵qʰən³⁵/tʃiu³⁵ŋa²⁴]	zyeel haz/dyus ggox/dyus kkens/dyus qmmal	咽气	[tʃiu³⁵lo³⁵]	dyus los
入殓	[ho⁴²mai⁴²]	hox meix	棺材	[mai⁴²la:k⁴³]	meix laag
出殡	[tʰoŋ⁵⁵sja:ŋ³³]	tongh syaangc	灵位	[ɕi³³tən³³]	xic denc
坟墓单个的、老人的	[fən³¹]	fenz	上坟	[vi⁴²lən³¹]	vix lenz
纸钱	[ɕen³¹tsi³³]	xeenz zic	老天爷	[ʔbən²⁴]	qbenl
菩萨统称	[ti³³miu⁵⁵]	dic miuh	观音	[miu⁵⁵]	miuh
灶神	[ku³³ti⁵⁵]	juc dih	寺庙	[ɣa:n³¹miu⁵⁵]	xgaanz miuh
祠堂	[ɣa:n³¹miu⁵⁵]	xgaanz miuh	和尚	[ho⁴²sa:ŋ²⁴]	hox saangl
尼姑	[ni⁴²ku³³]	nix guc	道士	[ta:u²⁴sʅ²⁴]	daol sil
算命统称	[son²⁴miŋ⁵⁵]	sonl mingh	运气	[miŋ⁵⁵]	mingh

续　表

词条	国际音标	水语拼音	词条	国际音标	水语拼音
保佑	[pa:u^{33}]	baoc	人一个~	[zən^{24}]	renl
男人成年的，统称	[^{ʔ}ai^{33}mba:n^{24}]	eic mbaanl	女人三四十岁已婚的，统称	[ni^{422}bja:k^{35}]	nix qbyaags
单身汉	[^{ʔ}ai^{33}laŋ^{35}luŋ^{33}]	eic langs lungc	老姑娘	[la:k^{432}bja:k^{35}la:u^{42}]	laag qbyaags laox
婴儿	[nu^{42}ti^{33}/ nu^{42}ʑa:u^{33}njan^{31}]	nux dic/nux xggaoc nyanz	小孩三四岁的，统称	[nu^{42}ti^{33}]	nux dic
男孩统称	[nu^{42}mba:n^{24}]	nux mbaanl	女孩统称	[nu^{42}bja:k^{35}]	nux qbyaags
老人七八十岁的，统称	[^{ʔ}ai^{33}la:u^{42}]	eic laox	亲戚统称	[hek^{55}ɬju^{42}]	heegs lyux
朋友统称	[ɬu^{35}]	jus	邻居统称	[tu^{33}p^{h}jai^{35}]	duc pyeis
客人	[hek^{55}]	heegs	农民	[^{ʔ}ai^{33}he^{42}qoŋ^{24}]	eic heex ggongl
商人	[^{ʔ}ai^{33}he^{42}fa:n^{35}]	eic heex faans	手艺人统称	[^{ʔ}ai^{33}ha:ŋ^{55}]	eic haangh
泥水匠	[ka^{42}ta^{33}ɕiu^{31}]	gax dac yiuz	木匠	[^{ʔ}ai^{33}ha:ŋ^{55}ʝau^{35}mai^{42}]	eic haangh xgous meix

续表

词条	国际音标	水语拼音	词条	国际音标	水语拼音
裁缝	[tip⁵⁵ʔduk⁵⁵]	dibs qdugs	理发师	[ʔai³³hut⁵⁵qam⁴²]	eic huds ggamx
厨师	[ʔai³³haːŋ⁵⁵li⁴²sai⁵⁵]	eic haangh lix seih	师傅	[sɿ³³fu³³]	sic fuc
徒弟	[tʰu⁴²ti²⁴]	tux dil	乞丐 统称,非贬称	[ka⁴²sa³⁵]	gax sas
妓女	[ti²⁴ɳui⁵⁵]	jil nnuih	流氓	[pen³³ɳau³⁵]	beenc hnnous
贼	[ljak⁵⁵]	lyags	瞎子 统称,非贬称	[ʔai³³ko⁴²ⁿda²⁴]	eic gox ndal
聋子 统称,非贬称	[ʔai³³²dak⁵⁵qʰa²⁴]	eic qdags kkal	哑巴 统称,非贬称	[ʔai³³ɳaːŋ³⁵]	eic nnaangs
驼子 统称,非贬称	[ʔai³³zuŋ³³]	eic rungc	瘸子 统称,非贬称	[kwa³¹kau⁴²]	gvaz joux
疯子 统称,非贬称	[ʔai³³ɳaːn³⁵]	eic ngaans	傻子 统称,非贬称	[ʔai³³wa³³ / ʔai³³ɕaːŋ³¹]	eic wac/eic xaangz
笨蛋 囊的人	[ʔai³³wa³³]	eic wac	爷爷 叙称	[qoŋ³⁵]	ggongs
奶奶 叙称	[ja⁴²]	yax	外祖父 叙称	[qoŋ³⁵paːk⁴³]	ggongs baag
外祖母 叙称	[ja⁴²paːk⁴³]	yax baag	父母 合称	[pu⁴²ni⁴²]	bux nix

续表

词条	国际音标	水语拼音	词条	国际音标	水语拼音
父亲 叙称	$[pu^{42}]$	bux	母亲 叙称	$[ni^{42}]$	nix
爸爸 呼称，最通用的	$[pu^{42}]$	bux	妈妈 呼称，最通用的	$[ni^{42}]$	nix
继父 叙称	$[pu^{42\,2}um^{33}]$	bux umc	继母 叙称	$[ni^{42\,2}um^{33}]$	nix umc
岳父 叙称	$[qoŋ^{35}{}^{t}e^{24}]$	ggongs deel	岳母 叙称	$[ni^{42}{}^{t}e^{24}]$	nix deel
公公 叙称	$[qoŋ^{35}]$	ggongs	婆婆 叙称	$[ja^{42}]$	yax
伯父 呼称，统称	$[luŋ^{31}]$	lungz	伯母 呼称，统称	$[pa^{33}]$	bac
叔父 呼称，统称	$[pu^{42}{}^{t}i^{33}]$	bux dic	排行最小的叔父 呼称，如"幺叔"	$[pu^{41}{}^{t}i^{33}]$	buc dic dic
叔母 呼称，统称	$[ni^{42}{}^{t}i^{33}]$	nix dic	姑 统称，呼称（无统称则记分称：比父大，比父小，已婚，未婚）	$[pa^{33?}bja:k^{35}]$ 父之姐 / $[ni^{42}{}^{t}i^{33}]$ 父之妹	bac qbyaaqs/nix dic

续表

词条	国际音标	水语拼音	词条	国际音标	水语拼音
姑父呼称、统称	[pu⁴²ti³³]	bux dic	舅舅呼称、统称	[luŋ³¹/tsu³¹]	lungz 母之兄/zuz 母之弟
舅妈呼称	[pa³³/fai⁵⁵]	bac 母兄之妻/feih 母弟之妻	姨统称、呼称（无统称则记分称：比母大、比母小、已婚、未婚）	[fai⁵⁵/pa³³]	feih/bac
姨父呼称、统称	[pu⁴²ti³³/luŋ³¹]	bux dic 母姐之夫/lungz 母妹之夫	弟兄合称	[fa:i⁴²nu⁴²]	faix nux
姊妹合称，注明是否可包括男性	[fe³¹nu⁴²]	feez nux	哥哥呼称、统称	[fa:i⁴²]	faix
嫂子呼称、统称	[fe³¹ɕa³³]	feez xac	弟弟敏称	[nu⁴²]	nux
弟媳敏称	[nu⁴²ɕa³³]	nux xac	姐姐呼称、统称	[fe³¹]	feez
姐夫呼称	[fa:i⁴²]	faix	妹妹敏称	[nu⁴²bja:k³⁵]	nux qbyaags
妹夫呼称	[nu⁴²]	nux	堂兄弟呼称、统称	[fa:i⁴²ɣan³¹ʑa:i³⁵]	faix xganz jais

续　表

词条	国际音标	水语拼音	词条	国际音标	水语拼音
表兄弟呼称，统称	$[\text{fa:i}^{42}\text{nu}^{42}\text{la:u}^{55}\text{pja:u}^{55}]$	faix nux laoh byaoh	妯娌	$[\text{fe}^{31}\text{nu}^{42}\text{la:k}^{43}\text{ɕa}^{33}]$	feez nux laag xac
连襟叙称	$[\text{tuŋ}^{42}\text{ʔmən}^{42}]$	dungx qmenx	儿子呼称	$[\text{la:k}^{43}]$	laag
儿媳妇呼称	$[\text{la:k}^{43}\text{ɕa}^{33}]$	laag xac	女儿呼称	$[\text{la:k}^{43}\text{ʲbja:k}^{35}]$	laag qbyaags
女婿呼称	$[\text{la:k}^{43}\text{ha:u}^{42}]$	laag haox	孙子儿子之子	$[\text{la:k}^{43}\text{fa:i}^{42}\text{nu}^{42}]$	laag faix nux
重孙子儿子之孙	$[\text{la:k}^{43}\text{hən}^{33}]$	laag henc	侄子弟兄之子	$[\text{la:k}^{43}\text{ha:n}^{24}]$	laag haanl
外甥姐妹之子	$[\text{la:k}^{43}\text{ha:n}^{24}]$	laag haanl	外孙女儿之子	$[\text{la:k}^{43}\text{ha:n}^{24}]$	laag haanl
夫妻合称	$[\text{qoŋ}^{35}\text{ja}^{42}\text{/pu}^{42}\text{ni}^{42}\text{/}^{\text{ʔ}}\text{ʸe}^{\text{ʔ}24}\text{ja}^{42}]$	ggongs yax/bux nix/qxgeel yax	丈夫叙称，最通用的，非昵称	$[^{\text{ʔ}}\text{ai}^{33}\text{mba:n}^{24}\text{/ʸe}^{24}]$	eic mbaanl/qxgeel
妻子叙称，最通用的，非昵称	$[\text{ni}^{42}\text{ʔbja:k}^{35}]$	nix qbyaags	名字	$[^{\text{ʔ}}\text{da:n}^{24}]$	qdaanl
绰号	$[^{\text{ʔ}}\text{da:n}^{24}]$	qdaanl	干活儿戏称	$[\text{qan}^{35}\text{qoŋ}^{24}]$	ggans ggongl
事情一件~	$[\text{qoŋ}^{24}\text{ʔʐen}^{55}]$	ggongl/jeenh	捕秋	$[\text{lam}^{242}\text{ʸa}^{35}]$	lanl qxgas

续　表

词条	国际音标	水语拼音	词条	国际音标	水语拼音
割稻	[qat⁵⁵ʔau⁴²]	ggads oux	种菜	[ho⁴²ʔma²⁴]	hox qmal
犁 名词	[ɬoi²⁴]	joil	锄头	[kwa:k³⁵]	gvaags
镰刀	[ljem⁴²]	lyeemx	把儿刀~	[ta:m²⁴]	daaml
扁担	[mai⁴²ʁa:n²⁴]	meix xggaanl	箩筐	[tjau³⁵ma:u³¹]	dyous maoz
筛子 统称	[pən³⁵]	bens	簸箕 农具，有棱的	[tjau³⁵ma:u³¹]	dyous maoz
簸箕 簸米用的	[ʔdoŋ³³]	qdongc	独轮车	[tsʰə³³quk⁴³lok⁴³]	cec ggug log
轮子 旧式的，如独轮车上的	[quk⁴³lok⁴³]	ggug log	碓 整体	[kum²⁴]	guml
臼	[ha:k⁴³kum²⁴]	haag guml	磨 名词，统称	[tin³¹mo³¹]	dinz moz
年成	[ku³³mbe²⁴]	guc mbeel	走江湖 统称	[sa:m³³hən³¹]	saamc henz
打工	[ta⁵⁵kuŋ³³]	dah gungc	斧子	[kwa:n²⁴]	gvaanl
钳子	[ɬem³¹]	jeemz	螺丝刀	[lo⁴²sʐ³³ta:u³³]	lox sic daoc
锤子	[tsui³¹]	zuiz	钉子	[tjeŋ²⁴]	dyeengl

续表

词条	国际音标	水语拼音	词条	国际音标	水语拼音
绳子	[la:k^{35}]	laags	棍子	[mai^{42}]	meix
做买卖	[he^{42}pe^{24n}djai^{33}]	heex beel ndyeic	商店	[pe^{24}ɣau^{35}]	beel xgous
饭馆	[fa:n^{24}tjan^{24}]	faanl dyanl	旅馆 旧称	[li^{55}kon^{55}]	lih gonh
贵	[^{m}biŋ^{24}]	mbingl	便宜	[tsjen^{55}]	zyeenh
合算	[tsi^{312}dai^{33}]	ziz qdeic	折扣	[tu^{332}ep^{55}]	duc eebs
亏本	[kʰui^{33}pən^{33}]	kuic benc	钱 统称	[ɕen^{31}]	xeenz
零钱	[ɕen^{31}lin^{42}]	xeenz linx	硬币	[ɕen^{31}tʰi^{33}]	xeenz tic
本钱	[ɕen^{31}pən^{33}]	xeenz benc	工钱	[ɕen^{31}qoŋ^{24}]	xeenz ggongl
路费	[ɕen^{31}sa:m^{33}kʰun^{24}]	xeenz saamc kunl	花 ~钱	[joŋ^{55}]	yongh
赚 卖一斤能~毛钱	[mḁ^{33}]	hmac	挣 打工~了钱	[tʰa:u^{33}]	taoc
欠 ~他十块钱	[kʰjan^{24}]	qyanl	算盘	[son^{24}pʰon^{42}]	sonl ponx
秤 统称	[^{n}daŋ^{35}]	ndangs	称 用秤~	[^{n}daŋ^{35}]	ndangs

续　表

词条	国际音标	水语拼音	词条	国际音标	水语拼音
赶集	[ʔda:u³³qe⁴²]	qdaoc ggeex	集市	[ta³⁵qe⁴²]	das ggeex
庙会	[ʔda:u³³miu⁵⁵]	qdaoc miuh	学校	[ɕo³¹ɕa:u²⁴]	xoz xaol
教室	[ʎa:u²⁴sʅ³¹]	jaol siz	上学	[pa:i²⁴qa²⁴le²⁴]	bail ggal leel
放学	[huŋ³⁵ɕo³¹]	hungs xoz	考试	[kʰa:u⁴²sʅ²⁴]	kaox sil
书包	[sa:u²⁴le²⁴]	saol leel	本子	[pən³³tsʅ⁵⁵]	benc zih
铅笔	[tʰa:n³³pi³¹]	qaanc biz	钢笔	[ka:ŋ³³pi³¹]	gaangc biz
圆珠笔	[vjen⁴²tsu³³pi³¹]	vyeenx zuc biz	毛笔	[ma:u⁴²pi³¹]	maox biz
墨	[mak⁴³]	mag	砚台	[tin³¹mak⁴³]	dinz mag
信—书信~	[ɕin²⁴]	xinl	连环画	[ljen⁴²hon⁴²hwa²⁴]	lyeenx honx hval
捉迷藏	[tu³³tsam³¹]	duc zamz	跳绳	[tʰja:u²⁴sen⁴²]	tyaol senx
毽子	[tʰat⁵⁵ʎan²⁴]	tads janl	风筝	[fuŋ³³tsɔn³³]	fungc zenc
舞狮	[swa⁵⁵sʅ³³tsʅ⁵⁵]	svah sic zih	鞭炮统称	[pʰa:u³⁵]	paos

续　表

词条	国际音标	水语拼音	词条	国际音标	水语拼音
唱歌	$[\varɕip^{43}/ts^ha:\eta^{24}ko^{33}]$	xib/caangl goc	演戏	$[ja:n^{55}\varɕi^{24}]$	yaanh xil
锣鼓(统称)	$[\varɕon^{55}tam^{31}]$	xonh damz	二胡	$[ni^{55}\eta en^{31}]$	nnih nneenz
笛子	$[pu^{35}\varɕiu^{24}]$	bus xiul	刘拳	$[ton^{35}\mathit{l}on^{31}]$	dons jonz
下棋	$[\varɕa^{24}hi^{42}]$	xal qix	打扑克	$[ta^{33}pa:i^{31}\mathit{l}i^{33}]$	dac baiz jic
打麻将	$[ta^{33}ma^{42}tsja:\eta^{24}]$	dac max zyaangl	变魔术	$[pjen^{35}fa:p^{35}]$	byeens faabs
讲故事	$[pai^{55}fa:m^{31}]$	beih faamz	猜谜语	$[ton^{35}fa:m^{31}]$	dons faamz
玩儿(游玩；到城里~)	$[\varɕa:n^{33}/q^ha^{242}na^{24}]$	xaanc/kkal qnal	串门儿	$[sa^{35}to^{24}]$	sas dol
走亲戚	$[t^ham^{35}hek^{55}]$	tams heegs	看(~电视)	$[qau^{35}]$	ggous
听(用耳朵~)	$[\eta an^{42}]$	nganx	闻(嗅；用鼻子~)	$[nen^{42}]$	nenx
吸(~气)	$[\varɕut^{55}]$	xuds	瞪(~眼)	$[^mbja:\eta^{42}]$	mbyaangx
闭(~眼)	$[hup^{55}]$	hubs	眨(~眼)	$[^ʔjap^{55}]$	qyabs
张(~嘴)	$[\mathit{t}a^{35}]$	jas	闭(~嘴)	$[\eta ap^{43}]$	ngab

续表

词条	国际音标	水语拼音	词条	国际音标	水语拼音
咬 ~狗 ~人	[ʑit⁴³]	jid	瞄 把肉~碎	[ma:k³⁵]	hmaags
咽 ~下去	[²dan²⁴]	qdanl	舔 人用舌头~	[lja:k³⁵]	lyaags
含 ~在嘴里	[²ŋam²⁴]	qngaml	亲嘴	[put⁴³]	bud
吮吸 用嘴唇聚拢吸取液体，如吃奶时	[ɕut⁵⁵]	xuds	吐 上声，把果核儿~掉	[ʑi³¹]	jiz
吐 去声，呕吐	[kun³⁵]	guns	打喷嚏	[jan³⁵]	yans
拿 ~把苹~过来	[tai³¹]	deiz	给 他~我一个苹果	[ha:i²⁴]	hail
摸 ~头	[fja:m³⁵]	fyaams	伸 ~手	[ɕon⁴²]	xonx
挠 ~痒痒	[koi³¹]	goiz	掐 用拇指和食指的指甲~皮肉	[tjui³⁵]	dyuis
拧 ~螺丝	[²bjɔt⁵⁵]	qbyeds	拧 ~毛巾	[²bjɔt⁵⁵]	qbyeds

续表

词条	国际音标	水语拼音	词条	国际音标	水语拼音
捻 用拇指与食指来回~碎	[ⁿdjan²⁴]	ndyanl	掰 把橘子~开,把馒头~开	[pʰjaːŋ³⁵]	pyaangs
剥 ~花生	[pʰjok⁵⁵]	pyogs	撕 把纸~了	[sit⁵⁵]	sids
折 把树枝~断	[ʔeu³³]	eeuc	拔 ~萝卜	[ʔdjon²⁴]	qdyonl
摘 ~花	[ʔeu³³]	eeuc	站 站立;~起来	[ʔjon²⁴]	qyonl
倚 斜靠;~在墙上	[ʔniŋ³³]	qningc	蹲 ~下	[pok⁴³]	bog
坐 ~下	[hui⁵⁵]	huih	跳 青蛙~起来	[tiu³¹]	diuz
迈 跨过高物;从门槛上~过去	[ʔjaːŋ³⁵/ɬaːp⁴³]	qyaangs/jaab	踩 脚~在牛粪上	[tan⁴²]	danx
翘 ~腿	[jan²⁴]	yangl	弯 ~腰	[tsam³³]	zamc
挺 ~胸	[ʔen³³]	eenc	趴 ~着睡	[ham³³]	hamc
爬 小孩在地上~	[lwaːn³¹]	lvaanz	走 慢慢儿~	[saːm³³]	saamc
跑 逃跑;小孩儿~走了	[pjaːu³⁵]	byaos	逃 逃跑;小孩~走了	[ⁿdaːn³⁵]	ndaans

续 表

词条	国际音标	水语拼音	词条	国际音标	水语拼音
追追赶;~小偷	[tat^{43}]	dad	抓~小偷	[hap^{55}]	habs
抱把小孩~在怀里	[ˀum^{33}]	umc	背~孩子	[ˀam^{35}]	ams
搀~老人	[tai^{31}]	deiz	推几个人一起~汽车	[kun^{33}]	gunc
摔跤;小孩~倒了	[ˀdjen^{33}]	qdyeenc	撞人~到电线杆上了	[tjoŋ^{33}]	dyongc
挡你~住我了	[qan^{33}]	gganc	躲他~在床底	[tsam^{31}]	zamz
藏藏匿、收藏	[piu^{33}]	biuc	放碗~在桌上	[huŋ^{35}]	hungs
摞把砖~起来	[tap^{43}]	dab	埋~在地下	[ha:ŋ^{35}]	haangs
盖把茶杯~上	[qum^{35}]	ggums	压用石头~上	[na:n^{42}]	nnaanx
摁~图钉	[na:n^{42}]	mnaanx	捅~马蜂窝	[ʐuk^{43}]	jug
插把香~到香炉里	[na:k^{43}]	nnaag	凿~一个洞	[tjuŋ^{33}]	dyungc
砍~树	[te^{35}]	dees	剁把肉~碎	[tjak^{55}]	dyags
削~苹果	[yut^{43}]	xgud	裂木板~开了	[tai^{35}]	deis

续　表

词条	国际音标	水语拼音	词条	国际音标	水语拼音
皱 皮~起来	[tjut⁴³]	dyud	腐烂 ~死鱼~了	[ɣam²⁴]	xgaml
擦 ~手	[sək⁵⁵]	segs	倒 把剩饭~掉	[²jau³⁵]	qyous
扔 ~手拿	[peŋ³⁵]	beengs	扔 投掷：~得远远的	[vjeŋ³⁵]	vyeengs
掉 树上~下一个苹果	[tok⁵⁵]	dogs	滴 水~下来	[ljət⁵⁵]	lyeds
丢 丢失：钥匙~了	[tok⁵⁵]	dogs	投 寻找：钥匙~到了	[tʰa:u³³]	taoc
捡 ~到十块钱	[tsup⁵⁵]	zubs	提 ~篮子	[tjoŋ⁵⁵]	dyongh
挑 ~担	[ta:p³⁵]	daabs	扛 把锄头~在肩上	[²un²⁴]	unl
抬 ~轿	[tjuŋ²⁴]	dyungl	举 ~旗子	[²jok⁵⁵]	qyogs
撑 ~伞	[ɬa³⁵]	jas	撬 ~门	[na:k³⁵]	nnaags
挑 挑选：你~一个	[la:i⁵⁵]	laih	收拾 ~东西	[tʰa:u³³]	taoc
挽 ~袖子	[tsa:p³⁵]	zaabs	涮 ~杯子	[suk⁴³]	sug

续　表

词条	国际音标	水语拼音
洗~衣服	[lak⁵⁵]	lags
拴~牛	[ⁿdo²⁴]	ndol
解~开绳子	[tsji³⁵]	zyis
端~碗	[tai³¹]	deiz
掺~水	[ⁿdun²⁴/saːm²⁴]	ndunl saaml
拆~房子	[lit⁴³]	lid
捶 用拳头~	[ʈɔn³¹]	jonz
打架 动手：两人在~	[tu³³²non³⁵]	duc qnons
打哈欠	[kʰo²⁴]	kol
睡 他已经~了	[nun³¹]	nunz
做梦	[vjaːn²⁴]	vyaanl

词条	国际音标	水语拼音
捞~鱼	[hən³³]	henc
捆~起来	[ⁿdo²⁴]	ndol
挪~桌子	[kən³⁵]	gens
摔~碗~碎了	[pjaːk⁴³]	byaag
烧~柴	[taːu³³]	daoc
转~圈儿	[tson³⁵/pan³⁵]	zons/bans
打 统称：他~了 我~一下	[ʔnon³⁵]	qnons
休息	[lwa³⁵laːu²⁴]	lvas laol
打瞌睡	[ŋ̊ak⁵⁵]	hnags
打呼噜	[faːn³¹]	faanz
起床	[tsən³¹]	zenz

续　表

词条	国际音标	水语拼音	词条	国际音标	水语拼音
刷牙	[suk⁴³vjan²⁴]	sug vyanl	洗澡	[ʔaːp³⁵]	aabs
想索: 让我～一下	[fa³³]	fac	想念: 我很～他	[ŋi³³]	hnic
打算: 我～开个店	[faːn³⁵]	faans	记得	[ʔan³⁵²dai³³]	ans qdeic
忘记	[qo³³laːm³¹]	ggoc laamz	怕: 害怕	[ho²⁴]	hol
相信: 我～你	[ɕin²⁴]	xinl	发愁	[ŋaːtˀloŋ³¹]	hmaads longz
小心: 过马路要～	[tsjak⁵⁵]	zyags	喜欢: ～吃土豆	[maŋ⁴²]	mangx
讨厌: ～这个人	[ʔbja³⁵]	qbyas	舒服: 凉风吹来很～	[ʔdaːi²⁴naːu⁵⁵]	qdail mnaoh
难受: 心理上的	[ʔŋaːm²⁴naːu⁵⁵]	qnnaaml mnaoh	难过: 心理上的	[ʔnaːm²⁴naːu⁵⁵]	qnnaaml mnaoh
高兴	[maŋ⁴²]	mangx	生气	[nun³¹loŋ³¹]	nnunz longz
责怪	[ʔwen³⁵]	qweens	后悔	[nam³³²ya³⁵te³³]	namc qxqas deec
忌妒	[nun³¹]	nnunz	害羞	[pʰa³⁵²ui²⁴]	pas uil
丢脸	[sjaːu³³ljen⁴²]	syaoc lyeenx	欺负	[he⁴²lik⁴³]	heex lig

续表

词条	国际音标	水语拼音	词条	国际音标	水语拼音
装~病	[tswa:ŋ³³]	zvaangc	疼~小孩儿	[ᵐbjum²⁴]	mbyuml
要我~这个	[²a:u²⁴]	aol	有我~一个孩子	[²naŋ²⁴]	qnangl
没有他~孩子	[me³¹²naŋ²⁴]	meez qnangl	是我~老师	[ɕen²⁴/ⁿdum³³/toi³⁵]	xeenl/ndumc/dois
不是我~老师	[me³¹tɕu³¹]	meez dyuz	在他~家	[na:u⁵⁵]	nnaoh
不在他~家	[me³¹na:u⁵⁵]	meez nnaoh	知道~这件事	[ɕau³³]	xouc
不知道我~这件事	[me³¹ɕau³³]	meez xouc	懂我~英语	[ɕau³³]	xouc
不懂我~英语	[me³¹ɕau³³]	meez xouc	会我~开车	[ɕau³³/ha:ŋ⁵⁵]	xouh/haangh
不会我~开车	[me³¹ɕau³³/me³¹ha:ŋ⁵⁵]	meez xouc/meez haangh	认识我~他	[ɕau³³²me²⁴]	xouc qmeel
不认识我~他	[me³¹ɕau³³²me²⁴]	meez xouc qmeel	行应答语	[non⁵⁵]	nnonh
不行应答语	[me³¹non⁵⁵]	meez nnonh	肯~来	[non⁵⁵]	nnonh
应该~去	[²da:u³³]	qdaoc	可以~去	[kʰo⁵⁵ji⁵⁵]	koh yih

续 表

词条	国际音标	水语拼音	词条	国际音标	水语拼音
说~话	[fan³¹]	fanz	话说~	[lam²⁴huŋ²⁴]	laml hungl
聊天儿	[tu³³pai⁵⁵]	duc beih	叫~他一声儿	[ju³⁵]	yus
吆喝大声喊叫	[ɕin³³]	xinc	哭小孩~	[ʔŋe³³]	qnneec
骂当面~人	[ʔmui²⁴]	qmuil	吵架	[tu³³tsən³³/tu³³²mui²⁴/tu³³ha⁵⁵]	duc zenc/duc qmuil/duc hah
骗~人	[po³⁵]	bos	哄~小孩	[ʔo³⁵]	os
撒谎	[tu³³po³⁵]	duc bos	吹牛	[fan³¹la:u⁴²]	fanz laox
拍马屁	[pʰuk⁵⁵]	pugs	开玩笑	[pai⁵⁵ku²⁴/fan³¹ku²⁴]	beih gul/fanz gul
告诉~他	[fan³¹ha:i²⁴]	fanz hail	谢谢致谢语	[to⁵⁵ɕe²⁴]	doh xeel
对不起致歉语	[toi³⁵me³¹²dai³³]	dois meez qdeic	再见告别语	[na³¹fan²⁴pa:i²⁴/tu³³ha:i²⁴]	nnaz fanl bail/duc hail
大苹果~	[la:u⁴²]	laox	小苹果~	[ti³³]	dic
粗绳子~	[la:u⁴²]	laox	细绳子~	[ti³³]	dic

续　表

词条	国际音标	水语拼音	词条	国际音标	水语拼音
长~线	[²ɣa:i³³]	qxgaic	短~线	[ⁿdjen³³]	ndyenc
长~时间	[²ɣa:i³³]	qxgaic	短~时间	[ⁿdjen³³]	ndyenc
宽~路	[fa:ŋ³³]	faangc	宽~敞房子~	[fa:ŋ³³lja:ŋ³¹]	fangc lyaangz
窄~路	[²njap⁵⁵]	qnyabs	高~飞得~	[va:ŋ²⁴]	vaangl
低~鸟飞得~	[ⁿdam³⁵]	ndams	高~比我~	[va:ŋ²⁴]	vaangl
矮~比我~	[ⁿdam³⁵]	ndams	远~路	[²di²⁴]	qdil
近~路	[pʰjai³⁵]	pyeis	深~水	[²jam²⁴]	qyaml
浅~水	[²djai³⁵]	qdyeis	清~水	[ɣa:ŋ³⁵]	xgaangs
深~水	[ʁam²⁴]	xggaml	圆	[qo⁵⁵lom⁵⁵]	ggoh lomh
扁	[pja:ŋ⁵⁵]	byaangh	方	[fa:ŋ³³]	faangc
尖	[ɕa²⁴]	xal	平	[pjeŋ³¹]	byeengz
肥~肉	[man³¹]	manz	瘦~肉	[na:u³¹]	naoz

续　表

词条	国际音标	水语拼音	词条	国际音标	水语拼音
肥 形容猪等动物	[pi³¹]	biz	胖 形容人	[pi³¹]	biz
瘦 形容人、动物	[ɹoŋ³³]	jongc	黑 黑板的颜色	[ʔnam²⁴]	qnaml
白 雪的颜色	[pa:k⁴³]	baag	红 国旗的主色,统称	[ha:n³³]	haanc
黄 国旗上五星的颜色	[mɹ:n³³]	hmaanc	蓝 蓝天的颜色	[ɕu²⁴]	xul
绿 绿叶的颜色	[ɕu²⁴qam³⁵]	xul ggams	紫 紫药水的颜色	[ɹam³⁵]	jams
灰 草木灰的颜色	[pʰa²⁴]	pal	多 东西~	[kuŋ³¹]	gungz
少 东西~	[sjeu³³]	syeeuc	重 担子~	[zan²⁴]	ranl
轻 担子~	[za³³]	rac	直 直线~	[caŋ³¹]	xangz
陡 楼梯、坡~	[ɹʰən³³]	qenc	弯 弯曲:路是~的	[ɹau²⁴]	joul
歪 帽子戴~了	[qai³¹]	ggaiz	厚 木板~	[ʔna²⁴]	qnal
薄 木板~	[ʔba:ŋ²⁴]	qbaangl	稠 稀饭~	[ʔboŋ³⁵]	qbongs

续　表

词条	国际音标	水语拼音	词条	国际音标	水语拼音
稀 稀稀饭~	[ɕu²⁴]	xul	密 菜种得	[ʔna²⁴]	qnal
稀 稀稀疏，菜种得~	[ko²⁴]	gol	亮 指灯线，明亮	[ʔdaːŋ²⁴]	qdaangl
黑 黑指灯线，完全看不见	[ⁿdjoŋ³⁵]	ndyengs	热 热天气	[ⁿdu³³]	nduc
暖和 天气	[ⁿdu³³]	nduc	凉 天气	[ɣaːŋ³⁵]	xgaangs
冷 天气	[ʔɲit⁵⁵]	qnnids	热 水	[ⁿdu³³]	nduc
凉 水	[ŋaːn³⁵]	hngaans	干 干燥：衣服晒晒~了	[siu³⁵]	sius
湿 潮湿：衣服淋湿~了	[ʔɣak⁵⁵]	qxgags	干净 衣服~	[ɣaːŋ³⁵ɣau²⁴]	xgaangs xgoul
脏 肮脏，不干净，统称：衣服~	[pjek⁵⁵]	byeegs	快 锋利，刀子~	[tau⁵⁵]	douh
钝 刀~	[lon⁴²]	lonx	快 敏捷~	[hoi³⁵]	hois
慢 走得~	[faːn²⁴]	faanl	早 来得~	[ham²⁴]	haml
晚 来得~了	[fe²⁴]	feel	晚 天色~	[fe²⁴]	feel

续　表

词条	国际音标	水语拼音	词条	国际音标	水语拼音
松捆得~	[loŋ³⁵]	longs	紧捆得~	[ʑan³³]	janc
容易这道题~	[me³¹²na:m²⁴/fui²⁴fa:ŋ³⁵ʔda:i²⁴ʔhe⁴²]	meez qnmaaml/fuil faangs/qdail heex	难这道题~	[ʔna:m²⁴]	qnnaaml
新衣服~	[m̥ai³⁵]	hmeis	旧衣服~	[qa:u³⁵]	ggaos
老人~	[ʔdai³³mbe²⁴]	qdeic mbeel	年人~轻	[ʁuŋ³⁵]	xggungs
软帽~	[ʔma³³]	qmac	硬骨头~	[ʔda³³]	qdac
烂肉煮得~了	[la:n⁵⁵]	laanh	糊饭烧~了	[sut⁵⁵]	suds
结实家具~	[tsa:n⁴²]	zaanx	破衣服~	[tju³⁵]	dyus
富他家很~	[fu³⁵]	fus	穷他家很~	[ho³³]	hoc
忙最近很~比较	[san⁴²]	sanx	闲最近比较~	[me³¹san⁴²/pin⁵⁵loŋ³⁵]	meez sanx/binh/longs
累走~了	[çen⁵⁵fe³³/ne³⁵]	xeenh/feec/qnees	疼摔~了	[ʑit⁵⁵]	jids

续　表

词条	国际音标	水语拼音	词条	国际音标	水语拼音
痒~皮肤~	[ɬit⁴³]	jid	热闹~广场上很~	[ze³¹na:u²⁴]	reez naol
熟悉~的地方~	[sok⁴³]	sog	陌生~的地方	[ta:ŋ³⁵]	daangs
味道尝尝~	[²da:u³³pa:k³⁵]	qdaoc baags	气味闻闻~	[puŋ³⁵]	bungs
咸菜~	[²naŋ³⁵]	qnangs	淡菜~	[fa:n²⁴/jik⁵⁵]	faanl/yigs
酸	[hum³³]	humc	甜	[ljan⁵⁵]	lyanh
苦	[qam²⁴]	ggaml	辣	[lja:n³⁵]	lyaans
鲜鱼汤~	[ɣa:ŋ³⁵pa:k³⁵]	xgaangs baags	香	[ⁿda:ŋ²⁴]	ndaangl
臭	[ŋu²⁴]	hmmul	傻饭~	[hum³³]	humc
腥鱼~	[ŋu²⁴ju²⁴]	hnnul yul	好人~	[²da:i²⁴]	qdail
坏人~	[ŋau³⁵]	hnnous	差东西质量~	[me³¹²da:i²⁴]	meez qdail
对账算~了	[ⁿdum³³]	ndumc	错账算~了	[me³¹ⁿdum³³]	meez ndumc
漂亮形容年轻女性的长相：她很~	[kiŋ³³]	gingc	丑形容人的长相：第八成很~	[ŋau³⁵]	hnnous

续表

词条	国际音标	水语拼音	词条	国际音标	水语拼音
勤快	[kʰak⁵⁵]	kags	懒	[het⁵⁵]	heds
乖	[ɕai²⁴]	xeil	顽皮	[ɬaːŋ²⁴]	jaangl
老实	[ɕaŋ³¹]	xangz	傻陶呆	[wa³³]	wac
笨不聪慧	[ɕaŋ³¹]	xangz	大方不吝啬	[loŋ³¹²daːi²⁴]	longz qdail
小气吝啬	[ʔmai³⁵]	qmeis	直爽性格~	[ɕaŋ³¹]	xangz
聋哑气~	[ɬaːŋ²⁴]	jaangl	一~三四……,下同	[to³¹ɬdaːu³³/ti³³/ʔjet⁵⁵]	doz/qdaoc/dic/qyeds
二	[ɣa³¹/ni⁵⁵]	xgaz/nnih	三	[haːm²⁴]	haaml
四	[ɕi³⁵]	xis	五	[ŋo⁴²]	ngox
六	[ljok⁴³]	lyog	七	[ɕet⁵⁵]	xeds
八	[paːt³⁵]	baads	九	[ʈu³³]	juc
十	[sup⁴³]	sub	二十	[ni⁵⁵sup⁴³]	nnih sub
三十	[haːm²⁴sup⁴³]	haaml sub	一百	[ti³³pek⁵⁵]	dic beegs

续　表

词条	国际音标	水语拼音	词条	国际音标	水语拼音
一千	$[\text{ti}^{33}\text{ɕen}^{24}]$	dic xeenl	一万	$[\text{ti}^{33}\text{faːn}^{55}]$	dic faanh
一百零五	$[\text{ti}^{33}\text{pek}^{55}\text{pən}^{33}\text{ŋo}^{42}]$	dic beegs benc ngox	一百五十	$[\text{pek}^{55}\text{ŋo}^{42}]$	beegs ngox
第一~、第二	$[\text{ti}^{552}\text{jət}^{55}]$	dih qyeds	二两 重量	$[\text{ɣa}^{312}\text{djaːŋ}^{33}]$	xgaz qdyaangc
几个你有~孩子?	$[\text{ɕi}^{332}\text{ai}^{33}]$	jic eic	俩 你俩~	$[\text{ɣa}^{31}]$	xgaz
仁他们~	$[\text{haːm}^{24}]$	haaml	个把	$[\text{tam}^{332}\text{ai}^{33}/\text{tam}^{33}$ $\text{lam}^{24}/\text{tam}^{33}\text{to}^{31}]$	damc eic 人计数/tamc laml 动物计数/damc doz 果子计数
个~人	$[{}^{\text{ʔ}}\text{ai}^{33}]$	eic	匹~马	$[\text{to}^{31}]$	doz
头~牛	$[\text{to}^{31}]$	doz	头~猪	$[\text{to}^{31}]$	doz
只~狗	$[\text{to}^{31}]$	doz	只~鸡	$[\text{to}^{31}]$	doz
只~蚊子	$[\text{to}^{31}]$	doz	条~鱼	$[\text{to}^{31}]$	doz
条~蛇	$[\text{tiu}^{31}]$	diuz	张~嘴	$[\text{laːm}^{24}]$	laaml
张~桌子	$[\text{laːm}^{24}]$	laaml	床~蚊子	$[{}^{\text{ʔ}}\text{ba}^{24}]$	qbal

续　表

词条	国际音标	水语拼音	词条	国际音标	水语拼音
领～席子	[ʔba²⁴]	qbal	双～鞋	[tsau⁵⁵]	zouh
把～刀	[pa:k³⁵]	baags	把～锁	[pa:k³⁵]	baags
根～绳子	[tiu³¹]	diuz	支～毛笔	[tiu³¹]	diuz
副～眼镜	[fu³⁵]	fus	面～镜子	[kwa:i³⁵]	gvais
块～香皂	[kwa:i³⁵]	gvais	辆～车	[la:m²⁴]	laaml
座～房子	[tiu³¹]	diuz	座～桥	[tiu³¹]	diuz
条～河	[tiu³¹]	diuz	条～路	[tiu³¹]	diuz
棵～树	[ni⁴²]	nix	朵～花	[pup⁵⁵]	bubs
颗～珠子	[ɳui⁵⁵]	nnuih	粒～米	[ɳui⁵⁵]	nnuih
顿～饭	[tan³⁵]	dens	剂～中药	[fu³⁵]	fus
剂～香味	[puŋ³⁵]	bungs	行～字 横纵	[yui³¹/ke³³]	xguiz横/geec纵
块～钱	[kwa:i³⁵]	gvais	毛角:～钱	[ɻo³¹]	joz

续表

词条	国际音标	水语拼音	词条	国际音标	水语拼音
件~一~事情	[ni⁴²/ɬa:m²⁴]	nix/laaml	点儿L一~东西	[ʔdət⁵⁵ti³³]	qdeds dic
此~一~东西	[ᵐbja:ŋ³⁵]	mbyaangs	下动量，打一~	[lan³⁵]	lans
会儿坐了一~	[tɕja:ŋ³¹]	zyaangz	顿打一~	[lan³⁵]	lans
阵下了一~雨	[tɕja:ŋ³¹]	zyaangz	趟去了一~	[tʰa:ŋ²⁴/pʰja³³/pai³¹]	taangl/pyac/beiz
我~姓王	[ju³¹]	yuz	你~也姓王	[na³¹]	nmaz
您尊称	[na³¹]	nnaz	他~姓来	[man²⁴]	manl
我们不包括听话人：你们留下，~去	[ɬən²⁴n da:u²⁴]	jenl ndaol	咱们包括听话人：他们不去，~去	[ɬən²⁴n da:u²⁴]	jenl ndaol
你们	[ɬən²⁴ sa:u²⁴]	jenl saol	他们	[ɬən²⁴ man²⁴]	jenl manl
大家一起干	[zən²⁴ kuŋ³¹]	renl gungz	自己我~做的	[la:u³³ ju³¹]	laoc yuz
别人这是~的	[he²⁴]	heel	我爸~今年八十岁	[pu⁴²ju³¹]	bux yuz
你爸~在家吗?	[pu⁴²na³¹]	bux nnaz	他爸~去世了	[pu⁴²man²⁴]	bux manl

续　表

词条	国际音标	水语拼音	词条	国际音标	水语拼音
这个要~，不要那个	[to³¹na:i⁵⁵] $[\mathrm{to}^{31}\mathrm{na:i}^{55}]$	doz naih	那个要这个，不要~	$[\mathrm{to}^{31}\mathrm{tsa}^{35}]$	doz zas
哪个你要~杯子	$[\mathrm{^?ai}^{33}\mathrm{ŋu}^{24}]$	eic hnul	谁~你找~	$[\mathrm{^?ai}^{33}\mathrm{ŋu}^{24}]$	eic hnul
这里在~，不在那里	$[\mathrm{^ndjoŋ}^{33}\mathrm{na:i}^{55}]$	ndyongc naih	那里在这里，不在~	$[\mathrm{^ndjoŋ}^{33}\mathrm{tsa}^{35}]$	ndyongc zas
哪里你在~?	$[\mathrm{^ndjoŋ}^{33}\mathrm{ŋu}^{24}]$	ndyongc hnul	这样事情是~的，不是那样的	$[\mathrm{he}^{42}\mathrm{ja}^{55}]$	heex yah
那样事情是这样，不是那样~的	$[\mathrm{tsoŋ}^{33}\mathrm{tsa}^{35}]$	zongc zas	怎样什么样，你要~的?	$[\mathrm{he}^{42}\mathrm{nau}^{31}]$	heex nouz
这么~贵啊	$[\mathrm{he}^{42}\mathrm{nau}^{31}]$	heex nouz	怎么这个字~写?	$[\mathrm{he}^{42}\mathrm{nau}^{31}]$	heex nouz
什么这个是~字？	$[\mathrm{ni}^{42}\mathrm{ma:ŋ}^{31}]$	nix maangz	什么你找~?	$[\mathrm{ni}^{42}\mathrm{ma:ŋ}^{31}]$	nix maangz
为什么~你不去?	$[\mathrm{nau}^{31}\mathrm{ɕi}^{33}\mathrm{ja}^{55}]$	nouz xic yah	干什么~你在~?	$[\mathrm{li}^{42}\mathrm{ni}^{42}\mathrm{ma:ŋ}^{31}]$	lix nix maangz

续　表

词条	国际音标	水语拼音	词条	国际音标	水语拼音
多少 这个村有~人?	[ȵi³³kuŋ³¹]	jic gungz	很 今天~热	[ton⁴²/tsai²⁴]	donx/zeil
非常 比上表程度更深：今天比昨天~热	[ton⁴²]	donx	更 今天比昨天~热	[ton⁴²]	donx
大 这个东西~贵，买不起	[ton⁴²]	donx	最 弟弟三个中他~矮	[ton⁴²]	donx
都 大家~来了	[toŋ³¹]	dongz	一共 ~多少钱?	[yon³¹ljeu⁴²]	xgonz lyeeux
一起 我和你~去	[he⁴²la:u³³]	heex laoc	只 我~去过一趟	[ʔdau²⁴]	qdoul
刚 这双鞋我穿着~好	[kʰa³¹]	qaz	刚 我~到	[kaŋ³¹]	jangz
才 你怎么~来啊?	[ʔdjak⁵⁵na:i⁵⁵]	qdyags naih	就 我吃了饭~去	[qo³³]	ggoc
经常 我~去	[tsap⁴³tsja:ŋ³¹]	zab zyaangz	又 他~来了	[qo³³]	ggoc
还 他~没回家	[ti³³mi⁴²]	dic mix	再 你明天~来	[ʔai³⁵]	eis

续　表

词条	国际音标	水语拼音	词条	国际音标	水语拼音
也 我~去：我~是老师	[pu³³]	buc	反正 ~不用急，~还来得及	[he⁴²nau³¹]	heex nouz
没有 昨天我~去	[me³¹²nan²⁴]	meez qnangl	不 明天我~去	[me³¹]	meez
别 你~去	[me³¹]	meez	甭 不用，不必：你~客气	[me³¹]	meez
快 天~亮了	[hoi³⁵]	hois	差点儿 ~摔倒了	[sjeu³³²dət⁵⁵ti³³]	syeeuc qdeds dic
宁可 ~买贵的	[ʔon³³]	onc	故意 ~打破的	[poi³⁵]	bois
随便 ~养一下	[ta:n⁵⁵]	daanh	白 ~跑一趟	[ɣo³¹]	xgoz
肯定 ~是他干的	[ɣo⁴²]	xgox	可能 ~是他干的	[ʔon³³]	onc
一边 ~走，~说	[kon³³]	gonc	和 ~他都姓王	[ʔdam³⁵]	qdams
和 我非天~他去的	[ka:m³³]	gaamc	对 他~我很好	[toi³⁵]	dois
在 ~东走	[vja:n²⁴]	vyaanl	向 ~他借一本书	[ʔnam³⁵]	qnams
按 ~他的要求做	[tsan⁵⁵]	zanh	替 ~他写信	[tʰi³⁵]	tis

续　表

词条	国际音标	水语拼音	词条	国际音标	水语拼音
如果~忧就别来了	[tsuŋ³³ja⁵⁵]	zungc yah	不管~怎么样吃饭还是要吃的	[tsui³¹he⁴²nau³¹]	zuiz heex nouz
天~空	[ʔbən²⁴]	qbenl	天河~银河	[ha:i⁴²ʔbən²⁴]	haix qbenl
天上	[ʔu²⁴ʔbən²⁴]	ul qbenl	霹雷	[qum⁴²ʔŋa³³]	ggumx qnnac
彗星扫帚星	[qe⁴²zət⁵⁵]	ggeex reds	北斗星	[zət⁵⁵ȵ̊i³¹ju⁴²]	reds qiz yux
流星	[zət⁵⁵]	reds	乌云	[fa³³qam³⁵]	fac ggams
狂风	[kʰa:ŋ³⁵la:u⁴²]	kaangs laox	旋风	[kʰa:ŋ³⁵ka²⁴lum²⁴]	kaangs gal luml
暴风雨	[kʰa:ŋ³⁵la:u⁴²fən la:u⁴²]	kaangs laox fenl laox	毛毛雨	[fən²⁴ŋ̊ən³⁵]	fenl hmens
阵雨	[fən²⁴qa:n³¹]	fenl ggaanz	打雷	[qum⁴²ʔŋa³³]	ggumx qnnac
瘴气	[ŋ̊u²⁴kon³¹]	hnul gonz	打闪	[pa³³la:p³⁵]	bac laabs
刮~风	[kʰa:ŋ³⁵]	kaangs	结冰	[ʈɛt⁵⁵kwa:ŋ³³]	jeeds gvaangc

续表

词条	国际音标	水语拼音	词条	国际音标	水语拼音
日晕	[ʔda²⁴van²⁴tan³³tjum²⁴]	qdal vanl danc dyuml	月晕	[njan³¹tan³³tjum²⁴]	nyanz danc dyuml
涨~大水	[ʔwo³⁵]	qwos	消退 大水~	[lui³⁵]	luis
地总称	[ti⁵⁵]	dih	荒地 未开垦过的地	[ti⁵⁵wa³¹]	dih waz
平坝子	[ta³⁵vja:n³⁵]	das vyaans	平地	[ta³⁵pjeŋ³¹]	das byeengz
岭	[ta³⁵jin³⁵]	das yings	山坳	[ha:i⁴²nu³¹]	haix nuz
山顶	[qum²⁴nu³¹]	gguml nuz	山洞	[ʁa:u³³qa:m²⁴]	xggaoc ggaaml
山峰	[jən²⁴nu³¹]	yenl nuz	山脚	[tin²⁴nu³¹]	dinl nuz
山坡	[pa:n³⁵nu³¹]	baans nuz	山下	[tin²⁴nu³¹]	dinl nuz
山腰	[pa:n³⁵nu³¹]	baans nuz	岑 连山或山脉	[jən²⁴nu³¹]	yenl nuz
潭	[maŋ³¹]	mangz	海	[ha:i³³]	haic
悬崖	[kʰan³⁵]	kans	悬崖	[kʰan³⁵]	kans

续　表

词条	国际音标	水语拼音	词条	国际音标	水语拼音
洲 江河之中	[haːi⁴²ndʑa²⁴]	haix ndyal	沙滩	[ta³⁵ⁿde²⁴]	das ndeel
渡口	[qan³¹lwa²⁴]	gganz lval	鹅卵石	[tin³¹kai³⁵]	dinz geis
泥巴	[hum³⁵]	hums	土 干~	[hum³⁵]	hums
石灰	[hoi²⁴]	hoil	金子	[ʨum²⁴]	juml
铁	[ɕət⁵⁵]	xeds	铜	[toŋ³¹]	dongz
钢	[kaːŋ²⁴]	gaangl	锡	[ɕi³¹]	xiz
硝 石~	[ɕau³³]	xouc	禾 水稞~	[kuŋ⁵⁵]	gungh
硫黄	[haː³¹tsuŋ³⁵]	haz zungs	铅	[ɣaːn³³]	qaanc
光	[ˀdaːŋ²⁴]	qdaangl	火焰 火苗	[ma³¹vi²⁴]	maz vil
火花 火星子	[ˀniŋ³³vi²⁴]	qningc vil	火种	[han³⁵vi²⁴]	hans vil
溶洞	[qaːm²⁴]	ggaaml	阴河 溶洞里的河流	[nam³³ɣaːu³³nu³¹]	namc xggaoc nuz
煤烟子 粘在厨房墙壁上的	[ˀjik⁵⁵]	qxgigs	锅煤烟 粘在锅底的	[naːi⁴²tseŋ⁵⁵]	nnaix zeengh

续　表

词条	国际音标	水语拼音	词条	国际音标	水语拼音
浪	$[\,^{ʔ}\text{nja:p}^{35}\,]$	qnyaabs	漩涡	$[\,\text{pan}^{35}\text{tsa}^{24}\text{kui}^{31}\,]$	bans zal guiz
瀑布	$[\,\text{nam}^{33}\text{lui}^{35}\text{k}^{h}\text{an}^{35}\,]$	namc luis kans	泉~水	$[\,\text{nam}^{33}\text{pja:u}^{55}\,]$	namc byaoh
蒸气	$[\,\text{p}^{h}\text{jun}^{24}\,]$	pyungl	污垢	$[\,\text{ɬa:ŋ}^{35}\text{ɣdan}^{33}\,]$	jaangs qdanc
锯花	$[\,^{ʔ}\text{dip}^{55}\text{mai}^{42}\,]$	qdibs meix	锈末	$[\,\text{fa}^{55}\text{mai}^{42}\,]$	fah meix
陷阱	$[\,\text{k}^{h}\text{oŋ}^{33}\,]$	kongc	锈	$[\,\text{ɣa:k}^{43}\,]$	xgaag
渣滓	$[\,\text{qa}^{55}\text{tak}^{43}\,]$	ggah dag	痕迹	$[\,\text{kok}^{43}\,]$	gog
时间	$[\,\text{wan}^{24}\text{si}^{31}\,]$	wanl siz	从前	$[\,\text{tsa:u}^{42}\,]$	zaox
原来~的地方	$[\,^{n}\text{djoŋ}^{33}\text{ɕen}^{35}\,]$	ndyongc xeens	将来	$[\,\text{haŋ}^{31}\text{lən}^{31}\,]$	hangz lenz
最后	$[\,\text{ton}^{42}\text{lən}^{31}\,]$	donx lenz	后来	$[\,\text{haŋ}^{31}\text{lən}^{31}\,]$	hangz lenz
古代	$[\,\text{ʑi}^{35}\text{qa:u}^{35}\,]$	qis ggaos	平时	$[\,\text{ʑi}^{35}\text{lan}^{35}\,]$	qis lans
子鼠	$[\,\text{ɕi}^{33}\,]$	xic	丑牛	$[\,\text{su}^{33}\,]$	suc
寅虎	$[\,\text{ji}^{31}\,]$	yiz	卯兔	$[\,\text{ma:u}^{42}\,]$	maox

续 表

词条	国际音标	水语拼音	词条	国际音标	水语拼音
辰龙	[sən³¹]	senz	巳蛇	[ɕi⁴²]	xix
午马	[ŋo³¹]	ngoz	未羊	[mi⁵⁵]	mih
申猴	[sən²⁴]	senl	酉鸡	[ju⁴²]	yux
戌狗	[hət⁵⁵]	heds	亥猪	[ʁaːi³³]	xggaic
春	[ɕu²⁴/njan³¹ sən²⁴]	xul/nyanz senl	夏	[ja³³/njan³¹ sən²⁴]	yac/nyanz senl
秋	[ɕum²⁴/njan³¹ ŋo²⁴]	xuml/nyanz hnol	冬	[toŋ²⁴/njan³¹ ŋo²⁴]	dongl/nyanz hnol
一月	[njan³¹tsjeŋ²⁴]	nyanz zyeengl	三月	[njan³¹ɳi⁵⁵]	nyanz nnih
三月	[njan³¹haːm²⁴]	nyanz haaml	四月	[njan³¹ɕi³⁵]	nyanz xis
五月	[njan³¹ŋo⁴²]	nyanz ngox	六月	[njan³¹ljok⁴³]	nyanz lyog
七月	[njan³¹ɕət⁵⁵]	nyanz xeds	八月	[njan³¹paːt³⁵]	nyanz baads
九月	[njan³¹ʈu³³]	nyanz juc	十月	[njan³¹sup⁴³]	nyanz sub
十一月冬月	[njan³¹sup⁴³ʈiət⁵⁵]	nyanz sub qyeds	十二月腊月	[njan³¹sup⁴³ɳi⁵⁵]	nyanz sub nnih

续　表

词条	国际音标	水语拼音	词条	国际音标	水语拼音
月初	[tən³³njan³¹]	denc nyanz	月底	[pʰi²⁴njan³¹]	pil nyanz
月中	[ta³⁵njan³¹]	das nyanz	初一	[so²⁴ʔjət⁵⁵]	sol qyeds
初二	[so²⁴ɲi⁵⁵]	sol nnih	初三	[so²⁴ha:m²⁴]	sol haaml
初四	[so²⁴ɕi³⁵]	sol xis	初五	[so²⁴ŋo⁴²]	sol ngox
初十农历	[so²⁴sup⁴³]	sol sub	十一农历	[sup⁴³ʔjət⁵⁵]	sub qyeds
十五农历	[sup⁴³ŋo⁴²]	sub ngox	三十农历	[ha:m²⁴sup⁴³]	haaml sub
黎明	[fa:ŋ²⁴ma:u⁴²]	faangl maox	今晚	[ʔnam³⁵na:i⁵⁵]	qnnams naih
明晚	[ʔnam³⁵²mu³³]	qnnams qmuc	昨晚	[ʔnam³⁵²nu²⁴]	qnnams qmnul
一昼夜	[ti³³van²⁴sa:n³¹]	dih vanl saanz	两天以后	[ya³¹van²⁴pa:i²⁴lən³¹]	xgaz vanl bail lenz
三年以前	[ha:m²⁴be²⁴te³³]	haaml mbeel deec	工夫空闲	[piŋ⁵⁵quŋ²⁴]	bingh ggungl
过~了两年	[ta⁵⁵]	dah	重阳	[tsʰuŋ⁴²ja:ŋ⁴²]	cungx yaangx
中元农历七月十四	[tsuŋ³³vjan⁴²]	zungc vyanx	方向	[mjan³⁵]	myangs

续　表

词条	国际音标	水语拼音	词条	国际音标	水语拼音
东	[faːŋ^{24}maːu^{42}]	faangl maox	东方	[faːŋ^{24}maːu^{42}]	faangl maox
西	[faːŋ^{24}ju^{42}]	faangl yux	西方	[faːŋ^{24}ju^{42}]	faangl yux
南	[faːŋ^{24}ɕi^{33}]	faangl xic	南方	[faːŋ^{24}ɕi^{33}]	faangl xic
北	[faːŋ^{24}su^{33}]	faangl suc	北方	[faːŋ^{24}su^{33}]	faangl suc
当中 儿个人~	[tum^{33}taː^{35}]	dumc das	中间 两棵树~	[taː^{35}loŋ^{35}]	das longs
房子后	[ʔwət^{55}lən^{31}ya:n^{31}]	qweds lenz xgaanz	房子前	[ʔwət^{55}na^{33}ya:n^{31}]	qweds qnac xgaanz
房子外边	[ʔwət^{55}nuk^{55}ya:n^{31}]	qweds qdugs xgaanz	门口	[pa:k^{35}to^{24}]	baags dol
周围	[qo^{33}ʨa:i^{35}]	ggoc jais	附近	[qo^{33}ʨa:i^{35}]	ggoc jais
隔壁	[tu^{33}ᵐbem^{42}]	duc mbeemx	树林里	[ʁa:u^{332}doŋ^{24}maːi^{42}]	xggaoc qdongl meix
河边	[ʨa:i^{35}nja^{24}]	jais nyal	角落	[ku^{33}pa:u^{24}]	guc baol
墙上	[pan^{35}sja:ŋ^{31}]	bans syaangz	桶底	[te^{33}tʰoŋ^{33}]	deec tongc
正面 布、纸等的~	[ʔwət^{55}na^{33}]	qweds qnac	背面 布、纸等的~	[ʔwət^{55}lən^{31}]	qweds lenz

续　表

词条	国际音标	水语拼音	词条	国际音标	水语拼音
半路	[pa:n³⁵kʰun²⁴]	baans kunl	树干	[ni⁴²mai⁴²]	nix meix
树根	[ha:ŋ²⁴mai⁴²]	haangl meix	树墩 欲伐后剩下的树桩	[kun³⁵mai⁴²]	guns meix
树皮	[pi³¹mai⁴²]	biz meix	树梢	[pʰi²⁴mai⁴²]	pil meix
树叶	[wa³⁵mai⁴²]	was meix	树枝	[tsiŋ³⁵mai⁴²]	zings meix
树林	[ʁa:u³³toŋ²⁴mai⁴²]	xggaoc dongl meix	梨树	[mai⁴²ɣai³¹]	meix xgeiz
李树	[mai⁴²man³³]	meix manc	桃树	[mai⁴²fan²⁴]	meix fangl
枣树	[mai⁴²siu⁴²]	meix siux	漆树	[mai⁴²ndak⁵⁵]	meix ndags
青杠树	[mai⁴²qai³⁵han³³]	meix ggeis hanc	桐子树	[mai⁴²toŋ³¹]	meix dongz
大叶榕	[mai⁴²mən³¹]	meix menz	小叶榕	[mai⁴²mən³¹]	meix menz
茶子树	[mai⁴²tsja³¹ɕi³³]	meix zyaz xic	枫树	[mai⁴²fu²⁴]	meix ful
竹节	[tʰau³³fan²⁴]	qouc fanl	竹林	[sa:i⁵⁵fan²⁴]	saih fanl
竹膜	[tum²⁴fan²⁴]	duml fanl	笋壳	[qum⁴²na:ŋ²⁴]	ggumx naangl

续表

词条	国际音标	水语拼音	词条	国际音标	水语拼音
毛竹	[fan²⁴]	fanl	楠竹	[fan²⁴tjum³³]	fanl dyumc
花瓣	[ʔdip⁵⁵nuk⁴³]	qdibs nug	花蒂	[nuk⁴³pup⁵⁵]	nug bubs
金银花	[ȵin³³ȵin⁴²hwa³³]	jinc yinx hvac	茅草	[ʔja:u²⁴²bja³³]	qyaol qbyac
艾草	[kaŋ²⁴ŋa:i²⁴]	gangl ngail	车前草	[ʔma²⁴mja⁴²]	qmal myax
巴芒草	[kaŋ²⁴ɕit⁵⁵]	gangl xids	狗尾草莠	[ʔma²⁴hət⁴³ma²⁴]	qmal hed hmal
蓝靛草	[wa³⁵kʰum³³]	was kumc	鱼腥草折耳根，凉拌吃	[ʔma²⁴wat⁵⁵]	qmal wads
蕨草	[ʔma²⁴ju³³]	qmal yuc	茴香	[ʔma²⁴zui²⁴hai³³]	qmal ruil heic
八角大料	[pa³¹ko³¹]	baz goz	莲子	[ȵui⁵⁵²doŋ³³]	nuih qdongc
薄荷	[ʔma²⁴tʃut⁴³]	qmal dyud	香蕉	[ɕa:ŋ³³ȿa:u³³]	xaangc jaoc
芭蕉	[ni⁴²lja:k³⁵]	nix lyaags	杨梅	[ha:i³⁵]	hais
椰子	[je³³tʂʅ⁵⁵]	yeec zih	菠萝	[po³³lo⁴²]	boc lox
菠萝蜜	[po³³lo⁴²]	boc lox	荔枝	[li²⁴tsʅ³³]	lil zic

续　表

词条	国际音标	水语拼音	词条	国际音标	水语拼音
草莓	[tum⁵⁵qui³³]	dumh gguic	葡萄	[ˀit⁵⁵]	ids
枇杷	[ɕa³¹]	xaz	西瓜	[ɕi³³kwa³³]	xic gvac
橙子 即广柑	[qa:m³⁵ta:ŋ³¹]	ggaams daangz	黄藨 树莓	[tum⁵⁵]	dumh
核果～	[ɲui⁵⁵ha:i⁴²mai⁴²]	nnuih haix meix	仁儿	[ha:i⁴²mai⁴²]	haix meix
子棉	[fa:i³⁵ˀnui⁵⁵]	fais nnuih	浮萍	[pjat⁵⁵piu³¹]	byads biuz
芦苇	[ti⁵⁵⁹au³³]	dih ouc	黄麻	[pi³¹ha²⁴]	biz hal
苎麻	[ʁa:n²⁴]	xggaanl	青苔	[ⁿdau²⁴]	ndoul
菖蒲	[siŋ²⁴fu³¹]	singl fuz	水稻	[ˀau⁴²²dja³³]	oux dyac
旱稻泛指旱地上种的稻	[ˀau⁴²²ɣa³⁵liŋ³³]	oux qxgas lingc	早稻	[ˀau⁴²²do²⁴]	oux qdol
晚稻	[ˀau⁴²²do²⁴]	oux qdol	粳稻	[ˀau⁴²]	oux
糯稻	[ˀau⁴²ɕin²⁴]	aox xinl	籼稻	[ˀau⁴²ɕin²⁴ᵐbja:ŋ²⁴]	oux xinl mbyaangl
穗儿	[ᵐbja:ŋ²⁴²au⁴²]	mbyaangl oux	米	[ˀau⁴²]	oux

续 表

词条	国际音标	水语拼音	词条	国际音标	水语拼音
粳米	[ˀau⁴²]	oux	糙米	[ˀau⁴²ta²⁴]	oux dal
细糠	[fa⁵⁵nun⁵⁵]	fah nunh	粗糠	[fa⁵⁵]	fah
米糠	[fa⁵⁵]	fah	秕子	[ˀau⁴²pja:p³⁵]	oux byaabs
稗子	[ˀau⁴²faŋ²⁴]	oux fangl	稻糯草芯	[ˀau⁴²ɕin²⁴]	oux xinl
荞麦	[ˀau⁴²boŋ³⁵]	oux qbongs	麦子	[ˀau⁴²mo⁵⁵]	oux moh
玉米秸 包谷秆	[ni⁴²²au⁴²mek⁴³]	nix oux meeg	玉米芯	[luŋ⁴²²au⁴²mek⁴³]	lungx oux meeg
苎麻	[tjut⁵⁵po⁴²]	dyuds box	蓖麻	[tjut⁵⁵po⁴²]	dyuds box
豆子	[nɯi⁵⁵to⁵⁵]	nmuih doh	豆夹	[fak⁵⁵to⁵⁵]	fags doh
豆秸	[ni⁴²to⁵⁵]	nix doh	豆芽	[to⁵⁵la:k⁴³/to⁵⁵ȶʰiu³³]	doh laag/doh qiuc
豆芽菜	[to⁵⁵la:k⁴³/to⁵⁵ȶʰiu³³]	doh laag/doh qiuc	扁豆 青扁	[to⁵⁵pa:p³⁵]	doh baabs
黑豆 乌豆	[to⁵⁵²nam²⁴]	doh qnaml	青菜	[ˀma²⁴qa:t³⁵]	qmal ggaads
芥菜	[ˀma²⁴qa:t³⁵hai³³]	qmal ggaads heic	白菜	[ˀma²⁴]	qmal
苋菜	[ˀma²⁴ɣum²⁴]	qmal xguml	茼蒿菜	[ˀma²⁴tʰuŋ³³ha:u³³]	qmal tungc haoc

续　表

词条	国际音标	水语拼音	词条	国际音标	水语拼音
空心菜 蕹菜	[ʔma²⁴huŋ²⁴]	qmal hungl	黄花菜 金针菜	[hwaŋ⁴²hwa³³tsʼa:i²⁴]	hvangx hvac cail
苦薹 蒜薹	[ŋən⁵⁵to³¹]	ngenh doz	瓜	[kwa²⁴pu³¹]	gval/buz
瓜蔓儿	[ja:u²⁴pu³¹]	yaol buz	瓜皮	[pi³¹pu³¹]	biz buz
瓜子	[ⁿda²⁴wan²⁴]	ndal wanl	瓜瓢	[kwa²⁴²da:t³⁵]	gval ndaads
葫芦	[pu³¹²bja:i³⁵/ pu³¹pjo⁵⁵]	buz qbyais/buz byoh	冬瓜	[pu³¹zup⁵⁵]	buz rubs
苦瓜	[tʃup⁵⁵qam²⁴]	dyubs ggaml	红薯秧	[la:k⁴³man³¹ha:n³³]	laag manz haanc
花椒	[ɕiu²⁴]	xiul	桑树	[mai⁴²qa:u³³]	meix ggaoc
桑叶	[ʔwa³⁵qa:u³³]	qwas ggaoc	烟叶	[wa³⁵²jen²⁴]	was qyeenl
野兽	[na:n⁴²ta³³]	naanx dac	象 大~	[to³¹sja:ŋ²⁴]	doz syaangl
狮子	[to³¹sʅ³³]	doz sic	豹子	[to³¹peu³⁵]	doc beeus
熊	[to³¹²mi²⁴]	doz qmil	狗熊	[to³¹²mi²⁴ɱa²⁴]	doz qmil hmal
鹿 黄猄	[to³¹si²⁴ja:ŋ³¹]	doz sil yaangz	鹿	[to³¹lu³¹]	doz lu

续表

词条	国际音标	水语拼音	词条	国际音标	水语拼音
豪猪	[$\eta u^{24}la:i^{35}$]	hmul lais	狼	[$q^ha^{24}la\eta^{35}$]	kkal langs
狐狸	[$tsai^{31}$]	zeiz	黄鼠狼	[$\textipa{z}u^{55}hun^{33}$]	juh hunc
松鼠	[$\eta\r{o}^{33}tsa:\eta^{31}$]	hnoc zaangz	水獭	[$^{\textsf{ʔ}}bin^{33}/sui^{55}t^ha^{31}$]	qbinc/suih taz
穿山甲	[$to^{31}tja:u^{35}$]	doz dyaos	刺猬	[$to^{31}lin^{33}$]	doz linc
壁虎	[$hui^{31}sim^{33}$]	huiz simc	野猪山猪	[$\eta u^{35}la:i^{35}$]	hmus lais
野鸡雉	[quk^{55}]	ggugs	野鸭	[$^{\textsf{ʔ}}ep^{55}nam^{33}$]	eebs namc
野猫	[$tsai^{31}$]	zeiz	水蛇	[$hui^{31}nam^{33}$]	huiz namc
草蛇 红头、无毒、常吃青蛙老鼠	[hui^{31}]	huiz	四脚蛇 蜥蜴	[$hui^{31}\textctc i^{35}tin^{24}$]	huiz xis dinl
蟒 蚺蛇	[$hui^{31}ma:\eta^{55}se^{42}$]	huiz maangh seex	老鹰	[$na:u^{31}\textipa{z}iu^{55}$]	nnaoz/yiuh
猫头鹰	[$qau^{24}meu^{42}$]	ggoul meeux	白鹤	[$to^{31}tum^{31}$]	doz dumz
大雁 天鹅	[$to^{31}\eta a:n^{552}b\textschwa n^{24}$]	doz ngaanh qbenl	布谷鸟	[$to^{31}qok^{55}qu^{33}$]	doz ggogs gguc
斑鸠	[$pau^{31}ta^{33}$]	bouz dac	鹧鸪	[$su^{31}ku^{33}$]	suz guc

续 表

词条	国际音标	水语拼音	词条	国际音标	水语拼音
秧鸡	[qa:i^{35} nam^{33}]	ggais namc	鹦鹉	[nok^{43}tu^{33}fan^{31}]	nog duc fanz
八哥	[pa^{31}ko^{33}]	baz goc	鹭鸶	[nok^{43}tiŋ^{33}]	nog dingc
燕子	[ʔjen^{35}]	qyens	啄木鸟	[nok^{43}ɕu^{35}pa^{31}]	nog xus baz
鸟蛋	[kai^{35}nok^{43}]	geis nog	鸟窝	[kuŋ^{2}nok^{43}]	gungl nog
羽毛	[ʔwa^{33}/tsən^{24}]	qwas/zenl	蝎子	[qo^{24}ya^{42}]	ggol xgax
萤火虫	[ʔnjak^{552}niŋ^{33}]	qnyags qningc	蚱蜢蝗虫、蚂蚱	[^{n}djak^{55}]	ndyags
蟑螂	[ʔda:p^{35}]	qdaabs	蜘蛛[网]	[fa^{33}ɣo^{24}]	fac xgol
蛀虫蛀蚀木头木衣服等的小虫	[ne^{42}]	neex	瓢虫半球形,背上有花纹	[nui^{312}bja:i^{35}]	nuiz qbyais
蜈蚣	[ɬo^{55}kʰup^{55}]	joh kubs	蟋蟀	[ki^{33}]	gic
螳螂	[e^{33}]	eec	臭虫	[ta^{55}pʰi^{24}tsʰuŋ^{42}]	dah pil cungx
牛虻	[to^{31}kwa^{33}]	doz gvac	臭大姐臭屁虫	[to^{312}ɲa^{35}]	doz qnnas
蜣螂屎壳郎	[qum^{33}qe^{42}]	ggumc ggeex	蜩虫	[ɬin^{35}]	jins

续 表

词条	国际音标	水语拼音	词条	国际音标	水语拼音
蝼蛄	[to³¹ᵐbjuŋ²⁴]	doz mbyungl	蠓黑色小飞虫	[lja:n³³mə̩n³⁵]	lyaanc hmens
虱子衣服上的	[nan³¹]	nanz	头虱头上的	[tu²⁴]	dul
虮子虱子的卵	[kai³⁵tu²⁴]	geis dul	鸡虱鸡身上的	[ᵐbjai²⁴]	mbyeil
牛虱牛身上的	[tu²⁴po⁴²/tu²⁴kui³¹]	dul box/dul guiz	孑孓蚊子的幼虫	[lja:n³³]	lyaanc
蛆蝇类的幼虫	[ʔnun²⁴]	qnunl	蛹	[ne⁴²]	neex
蜗牛	[tjət⁵⁵²djən²⁴]	dyeds qdyenl	白蚁	[nui³¹pa:k⁴³]	nuiz baag
蛾子	[to³¹lja:n³³]	doz lyaanc	蚂蚁洞	[qa:u³¹mɛt⁴³]	ggaoz med
黄蜂黄色细腰	[lu²⁴]	lul	剌蜜蜂的	[hai²⁴]	heil
蜂王	[qam⁴²lu²⁴]	ggamx lul	鱼剌	[qa:k³⁵mom⁵⁵]	ggaags momh
鱼泡鱼鳔	[fuk⁴³mom⁵⁵]	fug momh	鱼鳍	[tip⁵⁵mom⁵⁵]	dibs momh
鱼子鱼卵	[kai³⁵mom⁵⁵]	geis momh	鳃	[qaŋ²⁴mom⁵⁵]	ggangl momh
金鱼	[ɬin³³wi⁴²]	jinc wix	鳝鱼黄鳝	[lju⁵⁵]	lyuh

续　表

词条	国际音标	水语拼音	词条	国际音标	水语拼音
泥鳅	[ʎət⁴³]	lyed	乌龟	[tja:u³⁵]	dyaos
螺蛳	[qʰui²⁴]	kkuil	蚌	[qʰui²⁴pa:u⁴²]	kkuil baox
壳非壳的	[qum⁴²qʰui²⁴pa:u⁴²]	ggumx kkuil baox	水蚂蝗	[ᵐbi⁵⁵ᵐbi³³]	mbih mbic
旱蚂蝗	[ᵐbi⁵⁵ᵐbi³³]	mbih mbic	田鸡蛙类	[qup⁵⁵tjen²⁴]	ggubs dyeengl
青蛙长腿的	[qup⁵⁵]	ggubs	蝌蚪	[ʔdjət⁴³²djoŋ²⁴]	qdyed qdyongl
螯蝤蛴~	[ȶam³¹kam⁵⁵]	jamz gamh	畜牲	[seŋ²⁴]	seengl
公马	[tak⁴³ma⁴²]	dag max	母马未下子的	[hai³⁵ma⁴²]	heis max
马驹	[ma⁴²ti³³]	max dic	马鬃	[tsan³⁵ma⁴²]	zans max
公牛阉过的	[po⁴²ʔjem²⁴]	box qyeeml	水牛	[kui³¹]	guiz
牛角	[pa:u²⁴kui³¹]	baol guiz	牛皮	[pi³¹po⁴²]	biz box
公水牛	[tak⁴³kui³¹]	dag guiz	母水牛未下子的	[hai³⁵kui³¹]	heis guiz
水牛崽	[la:k⁴³kui³¹]	laag guiz	水牛角	[pa:u²⁴kui³¹]	baol guiz

续表

词条	国际音标	水语拼音	词条	国际音标	水语拼音
水牛皮	[pi³¹kui³¹]	biz guiz	水牛犊	[tin²⁴kui³¹]	dinl guiz
水牛绳	[la:k³⁵ⁿdo²⁴kui³¹]	laags ndol guiz	黄牛	[po⁴²]	box
公黄牛	[hai³³po⁴²]	heic box	母黄牛 末下子的	[hai³⁵po⁴²]	heis box
黄牛犊	[la:k⁴³po⁴²]	laag box	绵羊	[fa³¹]	faz
山羊	[pja⁴²]	byax	羔羊	[la:k⁴³fa³¹]	laag faz
母猪 末下子的	[m̥u³⁵luŋ³³]	hmus lungc	猪食	[ʔa:i²⁴n̥u³⁵]	ail hmus
下 母猪~的小猪	[ha:ŋ⁴²]	haangx	母狗 末下子的	[hai³⁵m̥a²⁴]	heis hmal
猎狗	[m̥a²⁴lam²⁴]	hmal laml	疯狗	[m̥a²⁴ŋa:n³⁵]	hmal ngaans
母鸡	[ʁa:ŋ³⁵qa:i³⁵]	xggaangs ggais	小鸡	[qa:i³⁵·ti³³]	ggais dic
骟鸡 阉鸡	[qa:i³⁵²jem²⁴]	ggais qyeeml	鸡冠	[tsan³⁵qa:i³⁵]	zans ggais
鸡嗉子	[pa:k³⁵qa:i³⁵]	baags ggail	鸡尾	[həf⁴³qa:i³⁵]	hed ggais
寡蛋 孵不出小鸡的蛋	[kai³⁵ʁa:u²⁴]	geis xggaol	鸡窝	[hən²⁴qa:i³⁵]	henl ggais

续　表

词条	国际音标	水语拼音	词条	国际音标	水语拼音
鸬鹚（豢养，用来捕鱼）	[tom^{31}mom^{55}]	domz momh	寨子	[ʔba:n^{33}]	qbaanc
寨门	[to^{24}ɕiŋ^{24}]	dol xingl	城	[qa:i^{24}]	ggail
城市	[qa:i^{24}]	ggail	椽子	[q^{h}a:ŋ^{24}]	kkaangl
房顶	[qum^{24}ʝa:n^{31}]	gguml xgaanz	房檐	[vi^{35}ʝa:n^{31}]	vis xgaanz
井	[ʔbon^{35}]	qbens	牢（监狱）	[la:u^{31}]	laoz
篱笆	[pa:n^{31}]	baanz	梁	[tjoŋ^{55}]	dyongh
楼	[ʔu^{24}lu^{31}]	ul luz	门	[to^{24}]	dol
门扣	[ɬap^{55}to^{24}]	jabs dol	门框	[ɬa^{24}to^{24}]	jal dol
门柱子	[ʝa:m^{33}to^{24}]	xgaamc dol	门闩	[mai^{42}nan^{24}]	meix qnangl
门板	[pin^{35}to^{24}]	bins dol	门斗	[nam^{33}ljet^{55}]	namc lyeds
墙壁	[pa:n^{35}tsa:ŋ^{31}]	baans zaangz	人家（住家）	[tiu^{31}ʝa:n^{31}]	diuz xgaanz
水牛圈（水牛栏）	[ɣuŋ^{55}kui^{31}]	xgungh guiz	烟囱	[ta:u^{42}kwan^{31}]	daox gvanz

续　表

词条	国际音标	水语拼音	词条	国际音标	水语拼音
走廊	[vi^{35}ɣa:ŋ^{55}]	vis xgaangh	楼梯	[$^{?}$de^{33}]	qdeec
堡坎石头砌的坎子	[$^{?}$bət^{43}kʰan^{35}]	qbed kans	桥	[ɬu^{31}lu^{31}]	juz luz
被面	[$^{?}$deŋ^{35}mjen^{31}]	qdeengs myeenz	被里被单	[ha:i^{42}mjen^{31}]	haix myeenz
毯子	[tsjan^{24}]	zyanl	箱子	[ʑui^{55}]	juih
皮箱	[ʑui^{43}pi^{31}]	juih biz	灯	[teŋ^{35}]	deengs
灯芯	[ha:i^{42}teŋ^{35}]	haix deengs	灯罩	[teŋ^{35}po^{33}li^{42}]	deengs boc lix
电灯	[tjan^{24}tən^{33}]	dyanl denc	工具	[ɣau^{35}joŋ^{55}]	xgous yongh
匕首	[mit^{43}ti^{33}]	mid dic	刀	[mit^{43}]	mid
刀把儿	[ta:m^{24}mit^{43}]	daaml mid	刀背	[hau^{35}mit^{43}]	hous mid
刀鞘	[fak^{55}mit^{43}]	fags mid	刀刃	[pa:k^{35}mit^{43}]	baags mid
尖刀	[mit^{43}ɕa^{24}]	mid xal	柴刀	[tsum^{35}]	zums
剃头刀	[mit^{43}kʰut^{55}qam^{42}]	mid kuds ggamx	桶水~	[tʰoŋ^{33}nam^{33}]	tongc namc

续　表

词条	国际音标	水语拼音	词条	国际音标	水语拼音
木桶	[tʰoŋ³³mai⁴²]	tongc meix	铁桶	[tʰoŋ³³ɕet⁵⁵]	tongc xeds
水烟筒	[ʔjan²⁴n̥aŋ³³]	qyanl hnangc	箍儿	[ɣat⁴³qam⁴²]	xgad ggamx
水缸	[qoʔnam³³]	ggol namc	叉子	[ʔdip⁵⁵]	qdibs
铲子	[qo²⁴tsʰa:n⁵⁵]	ggol caanh	罐子	[hoŋ²⁴]	hongl
杯子	[tsuŋ²⁴]	zungl	茶杯	[tsuŋ²⁴tsja³¹]	zungl zyaz
酒杯	[tsuŋ²⁴ha:u³³]	zungl haoc	壶	[fu⁴²]	fux
茶壶	[fu⁴²tsja³¹]	fux zyaz	酒壶	[fu⁴²ha:u³³]	fux haoc
塞子瓶~	[foŋ²⁴]	fongl	铁锅	[tseŋ⁵⁵qa:ŋ²⁴]	zeengh ggaangl
炒菜锅	[tseŋ⁵⁵ʔa:m³³]	zeengh aamc	锅铲	[ko³³tsʰa:n⁵⁵]	goc caanh
锅耳	[qʰa²⁴tseŋ⁵⁵]	kkal zeengh	锅盖	[qa:m³³tseŋ⁵⁵]	ggaamc zeengh
盒子	[ho³¹]	hoz	蒸笼	[ʔau³⁵]	ous
饭碗	[tui⁴²]	duix	饭甑	[ʔau³⁵]	ous

续　表

词条	国际音标	水语拼音	词条	国际音标	水语拼音
盘子	[pʰon⁴²]	ponx	碟子	[tje³¹]	dyeez
勺子	[ʔbja:i³⁵]	qbyais	筲箕 洗菜盛物用	[ʔbja:i³⁵lau²⁴pʰja:u⁴²]	qbyais loul pyaox
漏斗	[ʔbja:i³⁵koŋ⁵⁵]	qbyais gongh	筛子 大孔的	[hut⁵⁵]	huds
筛子 细孔的	[pen³⁵]	bens	晒席 晒谷子用的	[pən³⁵]	bens
箩斗 筛米粉用的	[pen³⁵sum²⁴]	bens suml	石槽 喂牲口用	[tjam⁴²]	dyamx
木槽 喂牲口用	[tən⁴²]	denx	抹布	[tən⁴²tin³¹]	denx dinz
洗锅刷 丝瓜瓤	[kwa:i³⁵ʔda:t³⁵]	gvais qdaads	盆	[fja³³]	fyac
筷筒	[ɕaŋ²⁴tsu⁵⁵]	xangl zuh	炉子	[pən³¹]	benz
木盆	[pən³¹mai⁴²]	benz meix	吹火筒	[ⁿdum³⁵]	ndums
风箱	[ʔa:u³⁵qo²⁴]	aos ggol	火把	[ta:u⁴²vi²⁴]	daox vil
火石	[ho⁵⁵s̩³¹]	hoh siz	火笼 烤火用	[tjau³³vi²⁴]	dyouc vil
灯笼	[teŋ³⁵luŋ³¹/tən²⁴luŋ³³]	deengs lungz/denl lungc		[kʰok⁵⁵vi²⁴]	kogs vil

续表

词条	国际音标	水语拼音	词条	国际音标	水语拼音
火盆	[ho⁵⁵ pʰən⁴²]	hoh penx	火钳	[ho⁵⁵ɬʰan⁴²/ɬam³¹]	hoh qanx/jamz
火塘	[ka⁵⁵ha³¹]	gah haz	三脚架	[kweŋ³¹]	gveengz
篮子	[tjau³⁵]	dyous	杆子	[qa:n⁵⁵]	ggaanh
竹竿	[qa:n⁵⁵fan²⁴]	ggaanh fanl	竹筒	[ta:u⁴²fan²⁴]	daox fanl
鼓槌	[mai⁴²qui³⁵]	meix gguis	桩子（钉在地上的木棍或石柱）	[hak⁵⁵]	hags
钩子	[qʰau²⁴]	kkoul	草绳	[la:k³⁵ŋa:n³³]	laags hnnaangc
麻绳	[la:k³⁵ʁa:n²⁴]	laags xggaanl	缰绳	[la:k³⁵do²⁴]	laags ndol
链子	[la:k³⁵ɕət⁵⁵]	laags xeds	杵舂~	[mai⁴²hak⁴³]	meix hag
包袱	[sa:u²⁴²am³⁵]	saol ams	麻袋	[sa:u²⁴ʁa:n²⁴]	saol xggaanl
钟	[tsuŋ³³]	zungc	玻璃	[po³³li⁴²/nam³³²da:ŋ²⁴]	boc lix/namc qdaangl
镜子	[nam³³²da:ŋ²⁴]	namc qdaangl	篦子	[sui³³]	suic

续　表

词条	国际音标	水语拼音	词条	国际音标	水语拼音
扇子	[sjan³⁵]	syans	楔子	[mai⁴²so³⁵]	meix sos
木板_{板子}	[pin³⁵]	bins	漆	[ⁿdak⁵⁵]	ndags
颜料	[sak⁵⁵]	sags	斗_{名词}	[səŋ²⁴]	sengl
尺子	[mai⁴²fan²⁴li⁴²]	meix fanl lix	曲尺	[mai⁴²fan²⁴li⁴²]	meix fanl lix
钓竿	[qaːn⁵⁵ɕit⁵⁵]	ggaanh xids	网	[kʰe²⁴]	keel
拦河_网	[kʰe²⁴qan³³nam³³]	keel gganc namc	抛网_{撒网，名词}	[hoˀ⁴²kʰe²⁴]	hox keel
捞网_{名词}	[vjən³⁵kʰe²⁴]	vyens keel	罾	[jon³¹]	yonz
鱼叉	[kaːm³³mom⁵⁵]	gaamc momh	腰鱼篓	[pʰiu²⁴mom⁵⁵]	piul momh
鱼篓_{捕鱼具}	[pʰiu²⁴]	piul	熨斗	[tʰaŋ²⁴tau⁵⁵]	tangl douh
锯_{工具}	[ɬu³⁵]	jus	凿子	[ɕiu³⁵]	xius
锉	[so³⁵]	sos	锥子	[sum²⁴sui³³]	suml suic
钻子	[tson³⁵]	zons	刨子	[paːu⁵⁵]	baoh

续 表

词条	国际音标	水语拼音	词条	国际音标	水语拼音
墨斗	[ma:k⁴³]包括墨线	maag	墨盒	[tin³¹ma:k⁴³]	dinz maag
铡刀	[mit⁴³tsa³¹tau³³]	mid zaz douc	弓	[ɕam³³]	xamc
弩	[tiu³¹ɕam³³]	diuz xamc	箭	[tsit⁵⁵ɕam³³]	zids xamc
剑	[mit⁴³]	mid	枪	[tsuŋ³⁵]	zungs
炮	[pʰa:u³⁵]	paos	炸弹	[tsa²⁴ta:n²⁴]	zal daanl
子弹	[nui⁵⁵tsuŋ³⁵]	nmuih zungs	火药	[ha³¹tsuŋ³⁵]	haz zungs
铁砂	[nui⁵⁵nok⁴³]	nnuih nog	织布机	[ɕuŋ³¹]	xungz
梭子	[so³⁵]	sos	顶针	[fin²⁴]	finl
轿子	[tau²⁴]	doul	车	[tsʰe³³]	ceec
牛车	[niu⁴²tsʰə³³]	niux cec	船	[lwa²⁴]	lval
船桨	[hai⁴²lwa²⁴/mai⁴²qo²⁴]	haix lval/meix ggol	舵	[to⁴²lwa²⁴]	dox lval
篙子 撑船用的竹竿	[qan³⁵lwa²⁴]	ggans lval	木筏	[lwa²⁴pja:ŋ⁵⁵]	lval byaangh

续　表

词条	国际音标	水语拼音	词条	国际音标	水语拼音
飞机	[fai³³ɕi³³]	feic jic	烟斗旱~	[toŋ³¹]	dongz
拐杖	[mai⁴²ʨjuŋ⁴²]	meix dyungx	布	[ʔja²⁴]	qyal
丝	[ᵐbja:ŋ²⁴]	mbyaangl	线	[fa:n⁵⁵]	faanh
衣上~	[ʔduk⁵⁵]	qdugs	衣袋	[pʰeu²⁴]	peeul
衣襟	[loŋ³¹²duk⁵⁵]	longz qdugs	衣领	[qo⁴²lin⁵⁵²duk⁵⁵]	ggox linh qdugs
腰带	[la:k³⁵kai³³]	laags geic	裤裆	[swa:ŋ³³huŋ³³]	svaangc hungc
裙子	[ɕən³³]	xenc	花边	[ʔba³³]	qbac
夹袄	[ʔduk⁵⁵qon⁴²ʔɕʰin²⁴]	qdugs ggonx qinl	纽子	[lu³¹]	luz
扣眼儿	[ⁿda²⁴lu³¹]	ndal luz	内衣	[ʔduk⁵⁵ha:i⁴²]	qdugs haix
内裤	[huŋ³³ʁa:u³³]	hungc xggaoc	头巾 女的	[ʔma:n³⁵qa:m⁴²]	qmaans ggaamx
帕子 男的	[fja³³qa:m⁴²]	fyac ggaamx	围腰帕 一种服饰，多有绣花图案	[ʔma:n³⁵qu³⁵]	qmaans ggus
手套	[tuk⁵⁵mja²⁴]	dugs myal	裹腿	[tsjen³¹ta:u⁴²]	zyeenz daox

续　表

词条	国际音标	水语拼音	词条	国际音标	水语拼音
鞋样	[ma²⁴tsa:k³⁵]	mal zaags	鞋楦子（做鞋用的木模型）	[ʔda:ŋ³³tsa:k³⁵]	qdaangc zaags
鞋帮（鞋面）	[ʁa²⁴tsa:k³⁵]	xggal zaags	鞋底	[te³³tsa:k³⁵]	deec zaags
鞋后跟	[coŋ²⁴tsa:k³⁵]	xongl zaags	草鞋	[tsa:k³⁵ŋə:ŋ³³]	zaags hnnaangc
胶鞋	[tsa:k³⁵ɕa:u³³]	zaags jaoc	木拖鞋	[tsa:k³⁵mai⁴²]	zaags meix
布鞋	[tsa:k³⁵ja²⁴]	zaags qyal	皮鞋	[tsa:k³⁵pi³¹]	zaags biz
球鞋	[tʰiu⁴²ha:i⁴²]	qiux haix	背带	[tai⁵⁵]	deih
斗笠	[tjum²⁴toŋ²⁴]	dyuml dongl	蓑衣	[wa³⁵ji²⁴]	was yil
簪子	[mai⁴²ɕa:t³⁵]	meix xaads	耳环	[ɬoŋ⁵⁵qʰa²⁴]	jongh kkal
项圈	[ⁿdoŋ³⁵]	ndongs	手表	[sau⁵⁵pja:u⁵⁵]	souh byaoh
眼镜儿	[jan⁵⁵ɬin²⁴]	yanh jinl	发髻	[pa:u²⁴qʰa²⁴]	baol kkal
行李	[ɣau³⁵tai³¹tən³³]	xgous deiz denc	白米	[ʔau⁴²]	oux
夹生饭	[ʔau⁴²me⁴²sok⁴³]	oux meex sog	米汤	[lu³⁵hu³¹]	lus huz

续　表

词条	国际音标	水语拼音	词条	国际音标	水语拼音
酸汤	[lu³⁵hum³³]	lus humc	锅巴	[kep⁵⁵]	geebs
米粉	[wən⁵⁵]	wenh	糍粑	[ɕi³¹]	xiz
米花糖	[ta:ŋ³¹tuk⁵⁵]	daangz dugs	糕	[ɕi³¹]	xiz
糖	[ta:ŋ³¹]	daangz	红糖	[ta:ŋ³¹ma:i⁵⁵]	daangz maih
白糖	[pə³¹tʰa:ŋ⁴²]	bez taangx	饼	[ta:ŋ³¹pin⁵⁵]	daangz binh
果子	[lam²⁴mai⁴²]	laml meix	红薯干儿	[man³¹ha:n³³/ man³¹ta:ŋ³¹]	manz haanc/manz daangz
酸菜	[qo⁵⁵hoŋ²⁴]	ggoh hongl	臭豆腐	[tau²⁴fu³³lu⁵⁵]	doul fuc luh
豆腐干_{食用}	[to⁵⁵tsjen³⁵siu³⁵]	doh zyeens sius	豆豉	[to⁵⁵da:ŋ²⁴]	doh ndaangl
肉_{食用}	[na:n⁴²]	naanx	猪肉	[na:n⁴²ŋu³⁵]	naanx hmus
羊肉	[na:n⁴²fa³¹]	naanx faz	鸡肉	[na:n⁴²qa:i³⁵]	naanx ggais
腊肉	[na:n⁴²²jen³³]	naanx qyeenc	黄牛腩	[ɬo³¹po⁴²]	joz box
鸡爪子	[ɕim³³qa:i³⁵]	ximc ggais	鸡肫_胃	[ta²⁴qa:i³⁵]	dal ggais

续表

词条	国际音标	水语拼音	词条	国际音标	水语拼音
鲜鱼	[mom⁵⁵]	momh	咸鱼	[mom⁵⁵²jen³³]	momh qyeenc
干鱼	[mom⁵⁵kuŋ³³]	momh gungc	蛋	[kai³⁵]	geis
蛋黄	[ha:i⁴²kai³⁵]	haix geis	蛋壳	[qum⁴²kai³⁵]	ggumx geis
蛋清	[lu³⁵kai³⁵]	lus geis	臭蛋	[kai³⁵ʁa:u²⁴]	geis xggaol
鸭蛋	[kai³⁵²ep⁵⁵]	geis eebs	咸鸭蛋	[kai³⁵²mo³⁵]	geis qmos
鹅蛋	[kai³⁵ŋa:n⁵⁵]	geis ngaanh	油	[man³¹]	manz
油渣	[ɬa:k³⁵man³¹]	jaags manz	菜油	[man³¹²ma²⁴]	manz qmal
豆油	[man³¹to⁵⁵]	manz doh	玉米油	[man³¹²au³¹mek⁴³]	manz oux meeg
鸡油	[man³¹qa:i³⁵]	manz ggais	牛油	[man³¹po⁴²]	manz box
酱	[to⁵⁵hum³³]	doh humc	淀粉	[tjan²⁴fən⁵⁵]	dyanl fenh
碱水	[ɬan⁵⁵sui⁵⁵]	janh suih	烟卷儿	[²jan²⁴ɬwa:n⁵⁵]	qyanl jvaanh
烟丝	[²jan²⁴ŋa:ŋ³³]	qyanl hnaangc	酒	[ha:u³³]	haoc

续　表

词条	国际音标	水语拼音	词条	国际音标	水语拼音
红薯酒	[ha:u³³ man³¹ta:ŋ³¹]	haoc manz daangz	酒曲	[ha⁴²]	hax
牛奶	[tju⁴²po⁴²]	dyux box	早饭	[ʔau⁴²ham²⁴]	oux haml
午饭	[ʔau⁴²ɕət⁵⁵]	oux xeds	晚饭	[ʔau⁴²²nam³⁵]	oux qnnams
燻~肉	[sja:ŋ⁴²]	syaangx	腌~鱼	[lap⁴³]	lab
煮~肉	[cuŋ²⁴]	xungl	滋味	[vai²⁴ta:u²⁴]	veil daol
身体	[ʔu²⁴nden²⁴]	ul ndenl	花猝	[tsjeŋ³⁵nuk⁴³]	zyeengs nug
脑髓	[ʔnui²⁴qam⁴²]	qnmuil ggamx	太阳穴	[soŋ²⁴qʰa²⁴]	songl kkal
囟门	[ta³⁵na³¹]	das naz	瞳仁	[ɲui⁵⁵nda²⁴]	nnuih ndal
睫毛	[miŋ³¹nda²⁴]	mingz ndal	眼屎	[qe⁴²nda²⁴]	ggeex ndal
耳屎	[qe⁴²qʰa²⁴]	ggeex kkal	耳垂	[noŋ³¹qʰa²⁴]	nnongz kkal
鼻孔	[tsum³¹²naŋ²⁴]	zumz qnangl	鼻梁	[tʰin²⁴²naŋ²⁴]	qinl qnangl
人中	[pa:k³⁵ʔnaŋ²⁴]	baags qnangl	颧骨	[ŋa:i⁵⁵teŋ³⁵]	ngaih deengs
腮	[pa⁵⁵²na³³]	bah qnac	上颚	[ʁa:ŋ²⁴²u²⁴]	xggaangl ul

续　表

词条	国际音标	水语拼音	词条	国际音标	水语拼音
酒窝儿	[qom³¹ŋai⁵⁵]	ggomz ngeih	小舌	[ma³¹ti³³]	maz dic
牙龈	[ha:ŋ²⁴vjan²⁴]	haangl vyanl	门齿	[vjan²⁴²na³³]	vyanl qnac
白齿	[vjan²⁴²duŋ³³]	vyanl qdungc	大齿	[vjan²⁴ɕa²⁴]	vyanl xal
虎牙 獠牙	[vjan²⁴mum⁴²]	vyanl mumx	喉结	[qo⁴²je²⁴]	ggoh yeel
后颈窝	[qo⁴²hau³⁵]	ggox hous	胳肢窝	[te³³ha:k³⁵]	deec haags
手掌	[fa:n³³mja²⁴]	faanc myal	手心	[ha:i⁴²mja²⁴]	haix myal
手背	[ʔu²⁴mja²⁴]	ul mjal	手茧	[qʰa²⁴²da:n³³]	kkal qdaanc
手腕子	[joŋ³⁵tɕʰin²⁴]	yongs qinl	手脉	[jən²⁴tɕʰin³³]	yenl qinl
六指	[ljok⁴³toŋ²⁴]	lyog dongl	指纹	[jan²⁴toŋ²⁴]	yanl dongl
斗 圆形指纹	[toŋ²⁴²bən³⁵]	dongl qbens	箕 长形指纹	[toŋ²⁴tɕi²⁴li²⁴]	dongl jil lil
虎口 大拇指、食指间的手叉	[ʈem⁴²mja²⁴]	jeemx myal	肘	[joŋ³⁵tɕin²⁴]	yongs qinl
奶头	[ku²⁴tju⁴²]	gul dyux	奶汁	[lu³⁵tju⁴²]	lus dyux

续 表

词条	国际音标	水语拼音	词条	国际音标	水语拼音
胸脯	[te³³tak⁵⁵]	deec dags	心脏心	[tak⁵⁵]	dags
肺	[ɕum²⁴]	xuml	胃肚子	[loŋ³¹]	longz
腰	[ta²⁴]	dal	肝	[tap⁵⁵]	dabs
胆苦胆	[ʔdo³⁵]	qdos	脾	[ɕum²⁴]	xuml
肾腰子	[ta²⁴]	dal	肠子	[ha:i⁴²]	haix
盲肠	[ha:i⁴²ȵiŋ³⁵]	haix nnings	膀胱尿泡	[tum²⁴]	duml
大腿	[ɬau⁴²]	joux	小腿	[ɬau⁴²ti³³]	joux dic
腿肚子	[tup⁴³ŋo³³]	dub hnoc	脚趾	[la:k⁴³tin²⁴]	laag dinl
脚后跟	[ɕoŋ²⁴tin²⁴]	xongl dinl	脚踝脚上两旁突起的骨头	[ⁿda²⁴pau²⁴]	ndal boul
脚背	[ʔu²⁴tin²⁴]	ul dinl	脚心	[te³³tin²⁴]	deec dinl
茧	[nan⁴²²da:n³³]	nanx qdaanc	胸印	[ɣui³¹tin²⁴]	xguiz dinl
睾丸	[kai³⁵tit⁵⁵]	geis dids	骨头	[la:k³⁵]	laags

续 表

词条	国际音标	水语拼音	词条	国际音标	水语拼音
骨节 关节	[la:k³⁵ta:u⁴²]	laags daox	脊椎骨	[la:k³⁵la:i²⁴]	laags lail
肋骨	[la:k³⁵kʰət⁵⁵]	laags keds	软骨	[la:k³⁵²ma³³]	laags qmac
筋	[ʔjin²⁴]	qyinl	脉搏	[me³¹po³¹]	meez boz
血	[pʰja:t³⁵]	pyaads	肉 人体	[na:n⁴²]	naanx
肌肉	[na:n⁴²jin²⁴]	naanx qyinl	皮肤	[pi³¹]	biz
毛	[tsən²⁴]	zenl	巢毛 汗毛	[tsən²⁴ŋa:ŋ³³]	zenl hmaangc
汗	[ljok⁵⁵]	lyogs	鸡皮疙瘩 人冷时皮肤上起的疙瘩	[kʰum³³ja:p⁴³]	kumc yaab
雀斑 面部的黑色细点	[mu²⁴qe⁴²mo̥mat⁵⁵]	hmuil ggeex hmads	尿	[ʔniu³⁵]	qnius
尿	[qe⁴²]	ggeex	屁	[tət⁵⁵]	deds
洋子 淋巴结	[qon³³]	ggonc	印记 婴儿臀部青印	[tja:n³³]	dyaanc
皱纹	[tjut⁴³]	dyud	力气	[ljək⁴³]	lyeg

续表

词条	国际音标	水语拼音	词条	国际音标	水语拼音
晕 头~	[ŋaːm³³]	hngaamc	酸 ~腿	[zaːu²⁴]	raol
花 眼~了	[ᵐbja³³]	mbyac	瞎 ~眼睛	[ko⁴²]	gox
出 ~水痘	[ʔuk⁵⁵]	ugs	泻 ~肚子	[ⁿdaŋ³⁵]	ndangs
抽筋	[tsut⁵⁵ jin²⁴]	zuds yinl	瘫 ~了	[kwa³¹]	gvaz
传染	[tau⁵⁵]	douh	疮	[laːn³⁵ tum³⁵]	laans dums
痱子	[saːt⁴³]	saad	疔	[tum³⁵]	dums
痰	[ʁe²⁴]	xggeel	脓	[sok⁴³]	sog
水疱 皮肤因摩擦而起的泡	[qu³³]	gguc	结巴	[lot⁴³ ma³¹]	lod maz
治 ~病	[qau³⁵]	ggous	抹 ~药	[suk⁵⁵]	sugs
药	[ha³¹]	haz	草药	[ha³¹ sui³³]	haz suic
毒药	[ha³¹² ŋaːm²⁴]	haz qnnaaml	药丸	[ha³¹ ȵui⁵⁵]	haz nnuih
药末	[ha³¹ fa⁵⁵]	haz fah	药片	[ha³¹ ȵui⁵⁵]	haz nnuih

续　表

词条	国际音标	水语拼音	词条	国际音标	水语拼音
抢婚	[pʰaːŋ^{55}fən^{33}]	qaangh fenc	离婚	[li^{42}hum^{33}]	lix hunh
回门 出嫁女子头一次回娘家	[fan^{55}kuː^{33}lən^{31}]	fanh guc lenz	招赘 招女婿	[haːu^{42}hum^{35}]	haox hums
入赘 上门女婿	[haːu^{42}hum^{35}]	hoax hums	爱人	[ni^{42}ɣaːn^{31}]	nix xgaanz
胞衣 胎盘	[kuŋ^{24}]	gungl	脐带	[haːi^{42}dwa^{24}]	haix qdval
生 —孩子	[haːŋ^{42}]	haangx	喂 —奶	[sai^{55}]	seih
摇篮	[tjaːŋ^{55}]	dyaangh	敬香	[taːu^{332}jen^{24}]	daoc qyeenl
祖坟	[fən^{31}qoŋ^{35}pu^{42}]	fenz ggongs bux	扫墓	[siŋ^{24}miŋ^{31}]	singl mingz
墓碑	[tin^{31}paːi^{31}]	dinz baiz	祭日	[ʔwan^{242}ȵam^{35}]	qwanl qnmams
祭拜	[ʈiŋ^{35}]	jings	拜 —菩萨	[ʈiŋ^{35}]	jings
法术	[he^{42}faːp^{35}]	heex faabs	佛	[haːŋ^{31}]	haangz
鬼	[maːŋ^{24}]	maangl	魂魄	[kwan^{24}ku^{33}]	gvanl guc
神仙	[ni^{42}sjan^{24}]	nix syanl	雷公	[qum^{42}ȵa^{33}]	ggumx qnmac

续　表

词条	国际音标	水语拼音	词条	国际音标	水语拼音
龙	[ka²⁴]	gal	龙王	[qa:m⁴²ka²⁴]	ggaamx gal
上帝玉帝~	[wa:ŋ³¹²u²⁴²bən²⁴]	waangz ul qbenl	土地爷	[miu⁵⁵]	miuh
巫师鬼师	[ʔai³³hau³³]	eic houc	巫婆	[ni⁴²hau³³]	nix houc
算命先生	[ʔai³³son²⁴miŋ⁵⁵]	eic sonl mingh	命	[miŋ⁵⁵]	mingh
念经	[pju²⁴ɕa:i³³]	byul jaic	塔	[tʰa³¹]	taz
八字时辰~	[pa³¹tsɿ²⁴/wan²⁴sji³¹]	baz zil/wanl syiz	合~八字	[ʔda:u³³]	qdaoc
供神	[ɕiŋ³⁵ma:ŋ²⁴]	jings maangl	驱鬼	[lau⁴²ma:ŋ²⁴]	loux maangl
放蛊	[ho⁴²ha³¹hup⁵⁵]	hox haz hubs	本事	[pən³³sai⁵⁵]	benc seih
名声	[ʔda:n²⁴]	qdaanl	好人	[zən²⁴²da:i²⁴]	renl qdail
坏人	[zən²⁴nau³⁵]	renl hnnous	大人	[ʔai³³la:u⁴²]	eic laox
老太太	[ja⁴²la:u⁴²]	yax laox	老头儿	[qo³³la:u⁴²]	ggoc laox
妇女女人	[ni⁴²bja:k³⁵]	nix qbyaags	青年男子小伙子	[lo³¹ʁuŋ³⁵]	loz xggungs
青年女子姑娘	[lo³¹ʁuŋ³⁵]	loz xggungs	子孙	[ha:n²⁴hən³³]	haanl henc

续　表

词条	国际音标	水语拼音	词条	国际音标	水语拼音
独子	[laːu³³laːk⁴³]	laoc laag	孤儿	[laːk⁴³qun³³]	laag ggunc
鳏妇	[ni⁴²qun³³]	nix ggunc	鳏夫 老而无妻或丧妻的人	[ʔai³³qun³³]	eic ggunc
皇帝	[ʔai³³waːŋ³¹]	eic waangz	土司	[ʔai³³tu³³]	eic duc
官	[ʔbuŋ³³]	qbungc	兵	[piŋ²⁴]	bingl
头人寨老	[pu⁴²ʔbaːn³³]	bux qbaanc	牧童	[qə³³laːk⁴³ti³³]	ggec laag dic
医生	[ji³³sən³³]	yic senc	老师	[laːu⁵⁵sˠ³³]	laoh sic
学生	[ɕo³¹sən³³]	xoz senc	猎人	[ʔai³³ho⁴²naːn⁴²ta³³]	eic hox naanx dac
船夫	[ʔai³³qo²⁴lwa²⁴]	eic ggol lval	篾匠	[ʔai³³faːi²⁴tjau³⁵]	eic fail dyous
石匠	[ʔai³³ɕiu³⁵tin³¹]	eic xius dinz	铁匠	[ʔai³³tjap⁴³ɕət⁵⁵]	eic dyab xeds
渔夫	[ʔai³³ho⁴²mom⁵⁵]	eic hox momh	骗子	[ʔai³³he⁴²po³⁵]	eic heex bos
强盗	[ʔai³³he⁴²ljak⁵⁵]	eic heex lyags	土匪	[ʔai³³tʰu⁵⁵faːi⁵⁵]	eic tuh feih
生人	[ʔai³³taːŋ³⁵]	eic daangs	熟人	[ʔai³³ɕen³⁵]	eic xeens

续表

词条	国际音标	水语拼音	词条	国际音标	水语拼音
同伴	[toŋ³¹la:u³³po³³]	dongz laoc boc	老乡	[ʔai³³hən³¹nda:u²⁴]	eic henz ndaol
外国人	[zən²⁴wa:i²⁴kʰwe³¹]	renl wail gveez	异乡人	[zən²⁴²nuk⁵⁵]	renl qnugs
矮子	[zən²⁴ndam³⁵]	renl ndams	麻子	[zən²⁴qa³¹]	renl ggaz
秃子	[zən²⁴qam⁴²lo³³]	renl ggamx loc	斜眼子	[ʔai³³nda²⁴ɕiŋ²⁴]	eic ndal xingl
独眼龙	[ʔai³³la:u³³nda²⁴]	eic laoc ndal	歪嘴子	[ʔai³³qa:i³¹pa:k³⁵]	eic ggaiz baags
豁嘴子	[ʔai³³pja:ŋ⁵⁵pa:k³⁵]	eic byaangh baags	瘫子	[ʔai³³ɕon²⁴]	eic xonl
祖宗	[qoŋ³⁵pu⁴²]	ggongs bux	曾外祖父	[qoŋ³⁵pa:k⁴³]	ggongs baag
曾外祖母	[ja⁴²pa:k⁴³]	yax baag	曾祖父	[qoŋ³⁵pa:k⁴³]	ggongs baag
曾祖母	[ja⁴²pa:k⁴³]	yax baag	大伯子夫之兄	[luŋ³¹]	lungz
小叔子妻之弟	[pu⁴²ti³³]	bux dic	小姑子夫之妹	[ni⁴²ti³³]	nix dic
姐妹	[fe³¹nu⁴²]	feez nux	兄弟	[fa:i⁴²nu⁴²]	faix nux
内兄妻之兄	[fa:i⁴²]	faix	内弟妻之弟	[nu⁴²]	nux
堂哥	[fa:i⁴²ya:n³¹ɬa:i³⁵]	faix xgaanz jais	堂弟	[nu⁴²ya:n³¹ɬa:i³⁵]	nux xgaanz jais

词条	国际音标	水语拼音	词条	国际音标	水语拼音
堂姐	[fe³¹ya:n³¹ɬa:i³⁵]	feez xgaanz jais	堂妹	[nu⁴²ya:n³¹ɬa:i³⁵]	nux xgaanz jais
表哥	[fa:i⁴²la:u⁵⁵pja:u⁵⁵]	faix laoh byaoh	表弟	[nu⁴²la:u⁵⁵pja:u⁵⁵]	nux laoh byaoh
表姐	[fe³¹la:u⁵⁵pja:u⁵⁵]	feez laoh byaoh	表妹	[nu⁴²la:u⁵⁵pja:u⁵⁵]	nux laoh byaoh
大儿子长子	[la:k⁴³la:u⁴²]	laag laox	小儿子	[la:k⁴³ti³³]	laag dic
大女儿	[la:k⁴³⁹bja:k³⁵la:u⁴²]	laag qbyaags laox	小女儿	[la:k⁴³⁹bja:k³⁵ti³³]	laag qbyaags dic
私生子	[la:k⁴³ŋa:u³³]	laag nnaoc	侄女儿	[la:k⁴³⁹bja:k³⁵kʰyan³¹ɬa:i³⁵]	laag qbyaags xganz jais
孙女儿	[la:k⁴³⁹bja:k³⁵ha:n²⁴]	laag qbyaags haanl	前妻	[ni⁴²ʃɔt⁵⁵]	nix qyeds
后妻	[ni⁴²lən³¹]	nix lenz	大老婆	[ni⁴²la:u⁴²]	nix laox
小老婆	[ni⁴²fai⁵⁵]	nix feih	男情人	[ʔai³³ɬu³⁵]	eic jus
女情人	[ni⁴²ɬu³⁵]	nix jus	亲家	[kwa:i²⁴]	gvail
亲家公	[pu⁴²kwa:i²⁴]	bux gvail	亲家母	[ni⁴²kwa:i²⁴]	nix gvail
干爹	[pa:u⁵⁵ʔje⁴²/pu⁴²ya³¹]	baoh yeex/bux xgaz	干妈	[pa:u⁵⁵ma³³/ni⁴²ya³¹]	baoh mac/nix xgaz

续表

词条	国际音标	水语拼音	词条	国际音标	水语拼音
旱田	[ʔja³⁵liŋ³³]	qxgas lingc	园子菜地	[pa:ŋ³¹ɕa:n²⁴]	baangz xaanl
庄稼	[ʔau⁴²ta⁵⁵ta³³]	oux dah dac	种子	[van²⁴]	vanl
芽儿	[kʰiu³³]	qiuc	秧	[ʔdja³³]	qdyac
禾苗	[ʔdja³³]	qdyac	粮食	[ʔau⁴²]	oux
谷仓	[lok⁵⁵]	logs	蜜蜂房	[qo²⁴luk⁴³]	ggol lug
蜂箱	[pi⁵⁵luk⁴³]	bih lug	耙	[pa³¹]	baz
耙齿	[vjan²⁴pa³¹]	vyanl baz	木耙	[pa³¹mai⁴²]	baz meix
铁耙	[pa³¹ɕət⁵⁵]	baz xeds	木犁	[toi²⁴mai⁴²]	joil meix
铁犁	[toi²⁴ɕət⁵⁵]	joil xeds	铁锹	[ʔdju³³ɕət⁵⁵]	qdyuc xeds
牛轭	[pa³¹po⁴²]	baz box	牛鼻环牛鼻棸	[ʔden³⁵po⁴²]	qdeens box
鞭子	[mai⁴²vat⁵⁵po⁴²]	meix vads box	粪箕	[tjau³⁵ma:u³¹]	dyous maoz
风车场谷糠用	[po⁵⁵]	boh	棚子瓜棚	[tiŋ³¹]	dingz
水碾	[na:n⁵⁵]	nnaanh	竹筏引苑水工具	[ljən³¹]	lyenz

续　表

词条	国际音标	水语拼音	词条	国际音标	水语拼音
肥料	$[\text{fai}^{42}\text{ʔja:u}^{24}]$	feiz lyaol	选~种子	$[\text{la:i}^{55}]$	laih
耙~田	$[\text{k}^{\text{h}}\text{a:i}^{35}]$	kais	耕~田	$[\text{ɬoi}^{24}]$	joil
撒~种子	$[\text{tau}^{35}]$	dous	保~苗	$[\text{ta:m}^{33}\text{ʔdja}^{33}]$	daamc qdyac
守~庄稼	$[\text{su}^{33}]$	suc	收~稻子	$[\text{ʔa:u}^{24}]$	aol
扬~麦子	$[\text{tui}^{31}]$	duiz	结~果子	$[\text{ɹet}^{55}]$	jeds
出这儿~水果	$[\text{ʔuk}^{55}]$	ugs	碾~米	$[\text{nan}^{55}]$	nnanh
筛~米	$[\text{pən}^{35}]$	bens	货	$[\text{ɣau}^{35}]$	xgous
价钱	$[\text{ma}^{55}\text{ɕen}^{31}]$	mah xeenz	生意	$[\text{he}^{42}\text{fa:n}^{35}]$	heex faans
债务	$[\text{ʔa:m}^{35}\text{tsja:ŋ}^{24}]$	aams zyaangl	借钱	$[\text{ʔja:m}^{24}\text{ɕen}^{31}]$	qyaaml xeenz
还债	$[\text{pui}^{31}\text{tsja:ŋ}^{24}]$	buiz zyaangl	赊~账	$[\text{ʔja:m}^{24}]$	qyaaml
交~钱	$[\text{ɹau}^{33}]$	jouc	利息	$[\text{li}^{24}\text{sʔ}^{33}]$	lil sic
税	$[\text{sui}^{24}]$	suil	买~菜	$[^{\text{n}}\text{djai}^{33}]$	ndyeic
卖~菜	$[\text{pe}^{24}]$	beel	赔偿	$[\text{pui}^{31}]$	buiz

续 表

词条	国际音标	水语拼音	词条	国际音标	水语拼音
银元	[ta²⁴ja:ŋ⁴²]	dal yaangx	银子	[nan³¹]	nnanz
铜钱	[çen³¹koŋ⁵⁵]	xeenz gongh	铁丝	[la:k³⁵tʰje³¹sʅ³³]	laags tyeez sic
秤杆	[qa:n⁵⁵ⁿdaŋ³⁵]	ggaanh ndangs	秤纽	[qʰa²⁴ⁿdaŋ³⁵]	kkal ndangs
秤砣	[tin³¹ndaŋ³⁵]	dinz ndangs	秤星	[ʔniŋ³³ndaŋ³⁵]	qningc ndangs
教~书	[to³⁵]	dos	考~学校	[qʰa:u⁵⁵]	kkaoh
黑板	[hə³¹pa:n⁵⁵]	hez baanh	字	[le²⁴]	leel
书本	[pən³³le²⁴]	benc leel	笔	[mai⁴²pjət⁵⁵]	meix byeds
糨糊	[ʔau⁴²ʝa:ŋ³³]	oux jaangc	公章	[kuŋ³³tsa:ŋ³³]	gungc zaangc
私章	[sʅ³³tsa:ŋ³³]	sic zaangc	风俗	[lje⁴²hən³¹]	lyeex henz
歌	[çip⁴³] 特指"水歌"	xib	山歌	[çip⁴³ta⁵⁵ta³³]	xib dah dac
戏	[çi²⁴]	xil	鼓	[tam³¹]	damz
铜鼓	[na:n²⁴]	nnaanl	锣	[çon⁵⁵]	xonh
铰	[to⁵⁵çe³³]	dxh xeec	芦笙	[pu³⁵miu²⁴]	bus miul

续　表

词条	国际音标	水语拼音	词条	国际音标	水语拼音
唢呐	[pu³⁵li³³]	bus lic	喇叭	[la⁵⁵pa³³]	lah bac
箫	[pu³⁵siu²⁴hai³³]	bus siul heic	哨子	[fi⁵⁵fiu⁴²]	fih fiux
球	[tʰiu⁴²]	qiux	陀螺	[vu⁴²]	vux
相片	[ɕaŋ²⁴pʰjan²⁴]	xaangl pyanl	对联	[wa³⁵tui²⁴]	was duil
棋盘	[kʰi⁴²]	qix	棋子	[ȵui²⁴ȵi⁴²]	nnuil qix
谜语	[fa:m³¹]	faamz	散步	[pa:i²⁴qon⁵⁵]	bail ggonh
打~球	[ta³³]	dac	踢~球	[ta:p⁴³]	daab
弹~琴	[pit⁵⁵]	bids	跳~舞	[tiu³¹]	diuz
贴~标语	[ni³¹]	niz	投~球	[quk⁵⁵qu³³]	ggugs gguc
写	[²wa³⁵]	qwas	学	[ɕo³¹]	xoz
游泳	[²a:p³⁵]	aabs	蘸~墨水	[sup⁵⁵]	subs
传说名词	[fan³¹qa:u³⁵]	fanz ggaos	国家	[kwe³¹ɬa³³]	gveez jac

续　表

词条	国际音标	水语拼音	词条	国际音标	水语拼音
省	[seŋ³³]	seengc	场~集墟	[ta³³ qe⁴²]	dac ggeex
竖~起来	[laŋ³⁵]	langs	开~水~丁	[pja:u⁵⁵]	byaoh
褪~色	[ɣot⁴³]	xgod	靠拢	[ᵐba³³]	mbac
着~火丁	[pʰi³⁵]	pis	冒~烟	[ⁿdaŋ³⁵]	ndangs
破~篾	[la³⁵]	las	漂~在水面上	[mu²⁴]	mul
浮~在水上	[mu²⁴]	mul	敨~起肚子	[ʔjok⁵⁵]	qxgogs
盘~干谷子	[ʈon³³]	jonc	焙~干谷子	[sja:ŋ⁴²]	syaangx
接把两根绳子~起来	[ha:p³⁵]	haabs	放把鸟~丁	[huŋ³⁵]	hungs
摆~放供品	[pai³⁵]	beis	封把信~好	[ŋap⁴³]	ngab
翻衣服~过来穿	[lin³³]	linc	漏房子~雨	[ɣo⁵⁵]	xgoh
把给婴儿~屎	[kʰa³³]	kac	跟孩子~着鹅鹅	[tsan⁵⁵]	zanh
飘红旗~扬	[pʰju²⁴]	pyul	晒~太阳	[pʰja:u²⁴]	pyaol

续　表

词条	国际音标	水语拼音	词条	国际音标	水语拼音
散 人都~了	[ha:n³⁵]	haans	崩 山~地裂	[paŋ²⁴]	bangl
缰 捆~树	[ɬon³³]	jonc	蜕 蛇~皮	[pjut⁵⁵]	byuds
下 太阳~山	[lui³⁵/to³⁵]	luis/dos	砸 碗~破了	[pja:k⁴³]	byaag
叮 蚊子~人	[ɕit⁴³]	jid	用 我~铅笔	[joŋ⁵⁵]	yongh
闹 小孩~	[peu³¹]	beeuz	游 ~水	[lui³¹]	luiz
夹 腋下~本书	[qap⁵⁵]	ggabs	砸 用镰~石头	[tjap⁴³]	dyab
照 用灯~	[tsa:u²⁴]	zaol	剐 用尖刀~	[qot⁵⁵]	ggods
撑 用棍子~住	[seŋ³⁵]	seengs	按 用手~住	[ɲan⁴²]	nnanx
捧 用手~起	[koŋ³³]	gongc	冲 用水~	[tok⁴³]	dog
兜 用衣服~着	[ⁿdau³⁵]	ndous	钻 用钻子~洞	[ha:k⁴³]	haag
拱 猪~土	[kun³³]	gunc	塞 ~老鼠洞	[ʔwət⁵⁵]	qweds
开 走~	[ɬa:i³⁵]	jais	揍 ~打	[su²⁴]	sul
挨 ~近	[ᵐba³³]	mbac	安 ~抽水机	[tswa:ŋ³³/tap⁵⁵]	zvaangc/dabs

续　表

词条	国际音标	水语拼音	词条	国际音标	水语拼音
熬~粥	[nan²⁴]	nanl	拔~火罐	[ˀdjon²⁴]	qdyonl
霸占	[ɬa:ŋ³³mok⁴³]	jaangc mog	摆~动	[ⁿdjau³⁵]	ndyous
搬~凳子	[pa:n³³]	baanc	搬~家	[pa:n³³]	baanc
拌~农药	[qoi²⁴]	ggoil	帮助	[tu³³pa:ŋ³³]	duc baangc
绑	[yat⁴³]	xgad	包~药	[tuk⁵⁵]	dugs
背~书	[pai²⁴]	beil	通~他交出来	[ja³¹pi³¹]	yaz biz
编~辫子	[lja²⁴]	lyal	编~篮子	[hwa:i²⁴]	hvail
变	[pjan³⁵]	byans	剥~牛皮	[lja:k⁴³]	lyaag
剥~甘蔗皮	[sit⁵⁵]	sids	剥~红薯皮	[pʰjok⁵⁵]	pyogs
朴~锅	[fa:ŋ²⁴]	faangl	朴~衣服	[fa:ŋ²⁴]	faangl
缺~了一大块	[ᵐben³⁵]	mbeengs	缺~了一小口子	[ᵐben³⁵]	mbeengs
裁~纸	[qat⁵⁵]	ggads	操练	[ljan²⁴]	lyanl
查~账	[tsʰa⁴²]	cax	尝~味道	[ˀdju³⁵]	qdyus

续　表

词条	国际音标	水语拼音	词条	国际音标	水语拼音
抄~书	[tsʰaːu³³]	caoc	炒~菜	[saːu³³]	saoc
车~水	[nam³³ŋan⁵⁵]	namc nnanh	沉	[²yam²⁴]	qxgaml
冲~在前边	[tuk⁴³]	dug	舂~米	[haːk³⁵]	haags
抽~出刀来	[ⁿdju²⁴]	ndyul	出~汗	[tok⁵⁵]	dogs
锄~草	[kwot⁴³]	gvod	穿~鞋	[tan³³]	danc
穿~针	[son²⁴]	sonl	吹~喇叭	[hup⁴³]	hub
捶~衣服	[ton⁴²/non³⁵/tjap⁴³]	jonx/qnons/dyab	凑~钱喝酒	[tau²⁴]	doul
搓~绳子	[haːt³⁵]	haads	搭~车	[ta³¹]	daz
搭~棚子	[tʰam³³]	tamc	箍~木桶	[ɣaːt⁴³]	xgaad
打~枪	[peŋ³⁵]	beengs	打~人	[²non³⁵]	qnons
打扮	[li⁴²taːŋ⁵⁵]	lix jaangh	打倒	[²non³⁵taːu³⁵/ta³³sam³⁵]	qnons daos/dac sams
打赌	[pʰjaːu³³]	pyaoc	打仗	[ta³³tsjaːŋ²⁴]	dac zyaangl

续　表

词条	国际音标	水语拼音	词条	国际音标	水语拼音
带~孩子	[tai³¹]	deiz	带~领红军	[tai³¹]	deiz
带~路	[to³⁵]	dos	带~钱	[tai³¹]	deiz
待~会儿	[nɑ:u⁵⁵]	nnaoh	戴~帽子	[tan³³]	danc
戴~手镯	[tan³³]	danc	戴~项圈	[tan³³]	danc
弹~棉花	[pit⁵⁵]	bids	当~兵	[li⁴²]	lix
挡~风	[haŋ³³/ɕu⁴²]	hangc/xux	倒~过来	[ta:u³⁵]	daos
到~了家	[tʰau³⁵]	tous	等~人	[ka³³]	gac
低~头	[tsam³³]	zamc	点~头	[ʔŋwat⁵⁵]	qngvads
垫~桌子	[tɕa:m⁵⁵]	dyaamh	叼~烟卷儿	[ʔŋam²⁴]	qngaml
吊~在梁上	[tiu³⁵]	dius	钓~鱼	[ho⁴²]	hox
跌~倒	[ta:u³⁵]	daos	叠~被子	[ljum³³]	lyumc
钉~钉子	[ta:k³⁵]	daags	动	[ŋai²⁴]	hngeil
动身	[tsən³¹]	zenz	震动	[ʔnjan³⁵]	qnyans

续　表

词条	国际音标	水语拼音	词条	国际音标	水语拼音
读~书	[qa²⁴]	ggal	堵~漏洞	[pjaːŋ²⁴]	byaangl
赌~钱	[tu⁵⁵]	duh	渡~河	[ta⁵⁵]	dah
断~气	[tju³⁵]	dyus	断线~了	[tju³⁵]	dyus
断~棍子~了	[tak⁵⁵]	dags	堆~稻草	[tap⁴³]	dab
对~笔迹	[toi³⁵]	dois	炖~鸡	[nan²⁴]	nanl
夺	[tseŋ²⁴/kaːp³⁵]	zeengl/gaabs	跺~脚	[tjam⁵⁵]	dyamh
发~信	[fa³¹]	faz	发~芽	[ʔuk⁵⁵(laːk⁴³)]	ugs (laag)
讨~款	[fa³¹(cen³¹)]	faz (xeenz)	翻身	[pʰja³³ten²⁴]	pyac deenl
防~野猪	[haŋ³³]	hangc	纺~棉花	[jat⁴³]	yad
放~手	[man⁵⁵]	manh	放~田水	[huŋ³⁵]	hungs
放~盐	[ho⁴²]	hox	飞	[vjen³³]	vyenc
分~粮食	[fən³³]	fenc	缝~衣服	[tip⁵⁵]	dibs

续 表

词条	国际音标	水语拼音	词条	国际音标	水语拼音
敷~药	[ho⁴²]	hox	伏~在桌子上	[ha:m³³]	haamc
扶~起来	[fu³¹]	fuz	扶~着栏杆走	[fu³¹]	fuz
赶~鸟	[lau⁴²]	loux	摘~在桌子上	[huŋ³⁵]	hungs
割~肉	[qat⁵⁵]	ggads	给~钱	[ha:i²⁴]	hail
钩	[qʰau²⁴]	kkoul	刮~掉毛	[kot⁴³]	god
挂~在墙上	[saŋ³¹]	sangz	关~门	[ŋap⁴³]	ngab
关~牛	[tam³³]	damc	灌~水	[huŋ³⁵]	hungs
脆	[ʈok⁴³]	jog	滚	[ljən³³]	lyenc
过~河	[ta⁵⁵]	dah	过~桥	[ta:p⁴³]	jaab
还~钢笔	[hwa:n⁴²]	hvaanx	还~账	[hwa:n⁴²]	hvaanx
赊~人开会	[ju³⁵]	yus	焊~帽子	[ha:n²⁴]	haanl
和~泥	[qoi²⁴]	ggoil	烘~衣服	[ɕa:ŋ⁴²]	xaangx
哄~骗	[po³⁵]	bos	划~船	[qo²⁴]	ggol

续　表

词条	国际音标	水语拼音	词条	国际音标	水语拼音
画~图	$[hwa^{24}]$	hval	换	$[lik^{55}]$	ligs
回~家	$[pa{:}i^{24}]$	bail	回~头	$[pan^{35}]$	bans
回去	$[pa{:}i^{24}Ɂən^{31}]$	bail lenz	挤~过去	$[yan^{42}]$	xganx
挤~奶	$[pan^{33}]$	banc	加	$[ʈa^{33}]$	jac
酿酒	$[^{n}da{:}u^{33}ha{:}u^{33}]$	ndaoc haoc	剪	$[qat^{55}]$	ggads
浇~水	$[tui^{35}]$	duis	搅	$[qoi^{24}/ŋa{:}u^{31}]$	ggoil/ngaoz
揭~锅盖	$[^{Ɂ}dja{:}ŋ^{33}]$	qdyaangc	盖~被子	$[qum^{35}]$	ggums
解~疙瘩	$[k^{h}e^{35}]$	kees	解~衣扣	$[tsi^{35}]$	zis
借~铅笔写字	$[^{Ɂ}ja{:}m^{24}]$	qyaaml	借~钱	$[^{Ɂ}ja{:}m^{24}]$	qyaaml
进~屋	$[la{:}n^{33}]$	laanc	敬~酒	$[ʈiŋ^{35}]$	jings
揪~住	$[^{Ɂ}bjət^{55}]$	qbyeds	卷~布	$[ljum^{33}]$	lyumc
掘~树根	$[tsət^{43}]$	zed	开~车	$[ŋai^{24}]$	hngeil
开~门	$[ŋai^{24}]$	hngeil	措	$[sək^{55}]$	segs

续表

词条	国际音标	水语拼音	词条	国际音标	水语拼音
看见	$[\,qau^{35}ndo^{33}\,]$	ggous ndoc	烤~干衣服	$[\,sja\!:\!\eta^{42}\,]$	syaangx
烤~火	$[\,p^hja\!:\!u^{24}\,]$	pyaol	靠~墙	$[\,{}^{\text{ʔ}}ni\eta^{33}\,]$	qningc
磕~来	$[\,tso^{31}ji^{31}\,]$	zoz yiz	刻用刀~	$[\,qo^{35}\,]$	ggos
啃~骨头	$[\,\gamma an^{35}\,]$	xgans	抠用手指挖	$[\,\textit{ʁ}au^{24}\,]$	xggoul
跨~一步	$[\,\textit{ʁ}a\!:\!p^{43}\,]$	jaab	拉~犁	$[\,{}^{\text{ʔ}}da\!:\!k^{35}\,]$	qdaags
拉~蜀子	$[\,tj\vartheta t^{43}\,]$	dyed	来	$[\,ta\eta^{24}\,]$	dangl
拦~住	$[\,han^{33}\,]$	hangc	粘~住丁	$[\,tju^{33}\,]$	dyuc
烙~饼	$[\,tsjan^{35}\,]$	zyans	勒~死	$[\,\gamma at^{43}\,]$	xgad
离开	$[\,la\!:\!\eta^{55}\,pa\!:\!i^{24}\,]$	laangh bail	量~布	$[\,ta\!:\!k^{43}\,]$	daag
晾~衣服	$[\,sa\!:\!^{35}\,]$	sas	留~种子	$[\,man^{55}\,]$	manh
流~水	$[\,lui^{35}\,]$	luis	搂~在怀里	$[\,{}^{\text{ʔ}}um^{33}\,]$	umc
落~下来	$[\,tok^{55}\,]$	dogs	买~鱼	$[\,{}^{n}djai^{33}\,]$	ndyeic
眯~眼	$[\,lwa^{35}za\!:\!u^{24}\,]$	lwas raol 猪小睐~会儿	瞄~准	$[\,{}^{n}ju^{42}\,]$	nyux

续表

词条	国际音标	水语拼音	词条	国际音标	水语拼音
抿~着嘴笑	[pja:ŋ²⁴]	byaangl	摸~东西	[fja:m³⁵]	fyaams
摸~鱼	[²ban³³]	qbanc	摸~瓣	[fja:m³⁵]	fyaams
磨~刀	[pan³¹]	banz	磨~面	[qa:n³³]	ggaanc
抬~一块糖	[hap⁵⁵]	habs	捏~手	[tai³¹]	deiz
汜~烂了	[²um³⁵]	ums	爬~山	[ha:t⁴³]	haad
爬~树	[ha:t⁴³]	haad	拍~桌子	[pʰek⁵⁵]	peegs
排~队	[pʰa:i⁴²]	paix	刨~光一点	[pa:u⁵⁵]	baoh
泡~茶	[pʰa:u²⁴]	paol	泡~衣服	[faŋ²⁴]	fangl
陪~客人	[²ya:u³³]	qxgaoc	喷~水	[pʰut⁵⁵]	puds
碰~到刻桌子	[ta:m³³]	daamc	拔~衣	[ɣa:i³⁵]	xggais
劈~柴	[ma:k³⁵]	hmaags	漂~布	[faŋ²⁴]	fangl
泼~水	[yən⁵⁵]	xgenh	破~肚子	[pjaŋ³⁵]	byangs
铺~被子	[pai³⁵]	beis	骑~马	[tsi⁵⁵]	zih

续　表

词条	国际音标	水语拼音	词条	国际音标	水语拼音
起来	[tsən³¹ taŋ²⁴]	zenz dangl	牵~牛	[jat⁴³]	yad
前进	[pa:i²⁴ⁿ na³³]	bail qnac	抢	[ka:p³⁵]	gaabs
蔽~门	[tui³¹]	duiz	切~菜	[qat⁵⁵]	ggads
菜~小孩	[put⁴³]	bud	取~款	[ʔa:u²⁴]	aol
去	[pa:i²⁴]	bail	劝	[ɻʰon³⁵]	qons
染~布	[ʔjam³³]	qyamc	绕~弯儿	[qeu³³]	ggeeuc
热~一下再吃	[ⁿdu³³]	nduc	洒~水	[sən³⁵]	sens
杀~人	[ha³³]	hac	纱	[faiⁿ³⁵ŋo³³]	feis hnoc
晒~衣服	[sa³⁵]	sas	扇~风	[sen³⁵]	seens
骟~牛	[ʔjem²⁴]	qyeeml	伤~了手	[ɬit⁵⁵]	jids
上~楼	[hat⁴³]	had	烧~茶	[pja:u⁵⁵]	byaoh
烧~山	[ta:u³³]	daoc	射~箭	[peŋ³⁵]	beengs
伸~懒腰	[çon⁴²]	xonx	生~疮	[tum³⁵]	dums

续　表

词条	国际音标	水语拼音	词条	国际音标	水语拼音
收~信	[sau^{33}]	souc	收拾~房子	[kʰa^{33}]	kac
吸收	[ɕut^{55}]	xuds	数~数目	[jai^{35}]	yeis
漱~口	[suk^{43}]	sug	甩~手绢掸	[vjən^{35}]	vyens
囵~门	[tap^{55}]	dabs	睡着	[nun^{31}ŋak^{55}]	nunz hnags
松土	[ɣoŋ^{31}hum^{35}]	xgongz hums	送~你一支笔	[hun^{42}]	hunx
送~他回去	[hun^{42}]	hunx	搜~山	[lam^{24}]	laml
锁~箱子	[laːn^{55}]	laanh	塌~下去	[paŋ^{24}]	bangl
踏~上一只脚	[tan^{42}]	danx	淌~眼泪	[lo^{55}]	loh
躺~在床上	[ʔniŋ^{33}]	qningc	掏~出来	[ɣau^{24}]	xggoul
淘~米	[haːt^{35}]	haads	套~上一件衣服	[lum^{35}]	lums
剃~头	[hut^{55}]	huds	填~坑	[tjan^{31}]	dyanz
停	[ʔdi^{33}]	qdic	通	[tʰuŋ^{33}]	tungc
偷	[ljak^{55}]	lyags	涂~油	[suk^{55}]	sugs

续　表

词条	国际音标	水语拼音
退	[ɣot⁴³]	xgod 特指洗水退去
拖~木头	[²da:k³⁵]	qdaags
脱落	[pjut⁵⁵ɓot⁵⁵]	byuds qods
煨~红薯	[nan²⁴]	nanl
闩	[sa:i³³]	saic
抓住	[hap⁵⁵]	habs
熄~灯	[ha:m³⁵]	haams
洗~菜,~手	[²a:p³⁵/suk⁴³]	aabs/sug
漂洗	[lak⁵⁵]	lags
吓唬	[huk⁵⁵]	hugs
陷~下去	[tuk⁵⁵]	dugs
笑	[ku²⁴]	gul
修~机器	[li⁴²]	lix
吞	[²dan²⁴]	qdanl
脱~鞋	[pjut⁵⁵]	byuds
挖~地	[tsət⁴³]	zed
闱~敌人	[tsum³³]	zumc
握~手	[tai³¹]	deiz
捂~着嘴	[pja:ŋ²⁴]	byaangl
洗~碗	[suk⁴³]	sug
洗伤口	[sək⁵⁵]	segs
下~楼	[lui³⁵]	luis
掀~开帘子	[tja:ŋ³³]	dyaangc
醒	[lin³⁵]	lins
微笑	[ku²⁴ȵiŋ³³]	gul nningc
修~路	[li⁴²]	lix

续表

词条	国际音标	水语拼音	词条	国际音标	水语拼音
绣~花	[sam^{35}]	sams	淹~死	[tum^{42}]	dumx
养~鱼	[ha:ŋ^{42}]	haangx	摇~木桩	[ʔdjau^{35}]	qdyous
摇~头	[pan^{35}]	bans	摇摇兄兄	[ʔdja:u^{35}ndjo^{33}]	qdyaos ndyoc
移	[kən^{35}]	gens	栽~树	[ᵐbja^{24}]	mbyal
攒~钱	[tjum^{24}]	dyuml	糟蹋~粮食	[la:n^{55}tsjan^{55}]	laanh zyanh
凿	[ɕiu^{35}]	xius	扎用针~	[kam^{42}]	gamx
扎猛子	[ŋap^{55}nam^{33}]	hnabs namc	轧~棉花	[qa:n^{33}]	ggaanc
炸~石头	[pʰa:u^{35}]	paos	榨~油	[ta:k^{35}]	daags
摘~下帽子	[ʔeu^{33}]	eeuc	招~手	[va:t^{35}]	vaads
找~零钱	[tʰa:u^{33}]	taoc	照~镜子	[qau^{35}]	ggous
争~地盘	[tseŋ^{24}]	zeengl	织~布	[tam^{33}]	damc
指~方向	[to^{35}]	dos	拄~拐棍	[tai^{31}]	deiz
转~动	[tson^{35}]	zons	转~身	[tson^{35}]	zons

续　表

词条	国际音标	水语拼音	词条	国际音标	水语拼音
装~粮食	[^{n}dau^{35}]	ndous	捉~鸡	[hap^{55}]	habs
挖~洞	[tsət^{43}]	zed	灭火~了	[ha:m^{35}]	haams
燃火~了	[tau^{55}]	douh	啄鸡~米	[cau^{35}]	xous
扑老虎~羊	[tsa^{31}]	zaz	钻老鼠~洞	[lan^{33}]	lanc
驮马~货	[to^{42}]	dox	蜇马蜂~人	[tai^{33}]	deic
接你扔，我~	[ka^{33}]	gac	蹭牛在树上~	[^{n}dan^{33}]	ndanc
倒墙~了	[paŋ^{24}]	bangl	熏烟~眼	[kwan^{31}]	gvanz
呛辣椒味儿~鼻子	[tʰuŋ^{35}]	qungs	扭脚~了	[lin^{33}]	linc
嗑~瓜子	[ʔdjət^{55}]	qdyeds	吹~口哨	[hup^{43}]	hub
打嗝连续不断地发出~声音	[ʔnan^{33}]	qnanc	避~雨	[tsam^{31}]	zamz
戒~烟	[ka:i^{24}]	gail	扠~腰	[san^{35}]	sans

续　表

词条	国际音标	水语拼音	词条	国际音标	水语拼音
抚摸~孩子的头	[fja:m³⁵/lwa:t⁴³]	fyaams/lvaad	用~把青菜上的水~掉	[sən³⁵]	sens
消肿~了	[pʰja:m²⁴]	pyaaml	上来	[tu²⁴]	dul
下去	[pa:i²⁴tɕe³³]	bail deec	气~别~我	[nun³¹]	nnunz
该不~讲	[²da:u³³]	qdaoc	松~放~	[loŋ³⁵]	longs
想我~进城	[²am³⁵]	ans	要我~去北京	[²a:u²⁴]	aol
传~代~代	[to³⁵/hun⁴²]	dos/hunx	爱~她	[ᵐbjum²⁴]	mbyuml
败	[pʰa³⁵]	pas	悲哀	[ŋan³⁵ha:i⁴²]	hnnans haix
进~出来了	[pja:n⁵⁵]	byaanh	比	[pi⁵⁵]	bih
馋~嘴	[qo³³ha:n³³]	ggoc haanc	催~促	[tat⁴³]	dad
代替	[tʰi³⁵]	tis	耽误	[²da:n³⁵qoŋ²⁴]	qdaans ggongl
当然~可以	[naŋ⁵⁵ja⁵⁵]	nangh yah	得到	[²dai³³tʰau³⁵]	qdeic tous
懂~事	[ɕau³³]	xouc	犯~法	[fa:n³⁵]	faans

续表

词条	国际音标	水语拼音	词条	国际音标	水语拼音
放~心	[^{ʔ}ɣam^{24}]	qxgaml	分~家	[fon^{33}]	fenc
分开	[tu^{33}haːi^{24}]	duc hail	区别	[tu^{33}jik^{55}]	duc yigs
改	[kaːi^{55}]	gaih	估计	[ton^{35}]	dons
怪~他	[^{ʔ}wen^{35}]	qweens	管~事情	[qʰaːm^{33}]	kkaamc
根	[nun^{31}]	nnunz	回忆	[^{ʔ}an^{35}]	ans
会~客	[^{ʔ}ɣaːu^{33}]	qxgaoc	会~来	[cau^{33}]	xouc
继续	[tʰjep^{55}paːi^{24}]	tyeebs bail	减	[sjeu^{33}]	syeeuc
禁止	[me^{31}tsun^{55}]	meez zunh	救~命	[tsju^{35}]	zyus
开~会	[kʰaːi^{33}]	kaic	开始	[tʰaːm^{33}tən^{33}]	taamc denc
赖~我	[^{ʔ}wen^{35}]	qweens	理睬	[neŋ^{55}]	nneengh
练~武艺	[ljam^{24}]	lyanl	蒙~住	[su^{42}]	sux
明白~你的意思	[cau^{33}ɣaŋ^{35}]	xouc xgangs	能~做	[nən^{42}]	nenx
弄~坏了	[li^{42}]	lix	派~人	[jaːm^{24}]	yaaml

续　表

词条	国际音标	水语拼音	词条	国际音标	水语拼音
拼~命	$[\text{naːŋ}^{35}]$	naangs	请	$[\text{jaːm}^{24}]$	yaaml
求~人帮忙	$[\text{tʰˀu}^{42}]$	qiux	让~我去	$[\text{ˀnaːi}^{35}]$	qnnais
认~字	$[\text{çau}^{332}\text{me}^{24}]$	xouc qmeel	认得	$[\text{çau}^{332}\text{me}^{24}]$	xouc qmeel
赏~给他一些东西	$[\text{hun}^{42}/\text{tsjaːŋ}^{55}\text{lˀi}^{24}]$	hunx/zyaangh lil	含~不得	$[\text{man}^{55}]$	manh
省~钱	$[\text{qan}^{24}]$	gganl	剩~下	$[\text{ˀdja}^{24}]$	qdyal
试试	$[\text{çi}^{35}]$	xis	算~账	$[\text{son}^{24}]$	sonl
缩~小	$[\text{ɣot}^{43}]$	xgod	讨饭	$[\text{ˀdjaːi}^{352}\text{au}^{42}]$	qdyais oux
挑拨	$[\text{tu}^{33}\text{ˌʰɓoŋ}^{24}]$	duc qongl	听见	$[\text{ŋan}^{42}\text{dai}^{33}]$	nganx qdeic
托~人办事	$[\text{jam}^{24}]$	yaml	望	$[\text{maːŋ}^{55}]$	maangh
希望	$[\text{maːŋ}^{55}]$	maangh	信相~	$[\text{sin}^{24}]$	sinl
要~下雨了	$[\text{ˀaːu}^{24}]$	aol	隐瞒	$[\text{ˀjam}^{24}]$	qyaml
迎接	$[\text{ka}^{33}]$	gac	赢	$[\text{jin}^{42}]$	yinx
遇见	$[\text{tu}^{33}\text{ⁿdam}^{24}]$	duc ndaml	约~时间	$[\text{hau}^{31}]$	houz

续　表

词条	国际音标	水语拼音	词条	国际音标	水语拼音
允许	[ʔni⁵⁵]	qnnih	长～大	[ⁿdju²⁴]	ndyul
值得	[tsji³¹²dai³³]	zyiz qdeic	住～哪儿	[na:u⁵⁵]	nnaoh
准备	[tsun⁵⁵pi²⁴]	zunh bil	做～事情	[li⁴²]	lix
后悔	[pʰja³³loŋ³¹]	pyac longz	敢	[su⁴²]	sux
辩论	[ɕim³³]	cimc	称赞	[pau³³]	bouc
澄清	[ja:ŋ³⁵ɣau²⁴]	xgaangs xgoul	答应	[non⁵⁵]	nnonh
告状	[tu³³qo³⁵]	duc ggos	哼 呻吟	[wa:n²⁴]	waanl
吼	[ɕin³³]	xinc	唤～狗	[ʔjik⁵⁵]	qyigs
唠叨	[ʔban²⁴²beu⁵⁵]	qbanl qbeeuh	回声	[ja:n²⁴]	yaanl
嚷	[ɕin³³]	xinc	笑话	[ʔda:i²⁴ku²⁴]	qdail gul
谎话	[lam²⁴fan³¹po³⁵]	laml fanz bos	道理	[lam²⁴lje⁴²]	laml lyeex
秃光头	[lo³³]	loc	凹	[qom³¹]	ggomz
凸	[ᵐbu³³]	mbuc	美 风景～	[ʔda:i²⁴]	qdail

续　表

词条	国际音标	水语拼音	词条	国际音标	水语拼音
漂亮(形容男性)	[sət⁵⁵]	seds	正_{不歪}	[ʔjən³¹]	qyenz
反	[lin³³]	linc	偏	[vja:n²⁴]	vyaanl
斜	[ʔba:i³³]	qbaic	横	[qat⁵⁵]	ggads
壮	[mok⁴³]	mog	强	[tʰan³³]	tanc
弱	[ʔma³³]	qmac	粘	[ŋjem²⁴]	hnyeeml
僵_{冻~了}	[ʔda³³]	qdac	冻	[ɬet⁵⁵]	jeeds
烫_{~手}	[sut⁵⁵]	suds	胀_{肚子~}	[pu²⁴]	bul
涩	[qʰa:t³⁵]	kkaads	生_{瓜~的}	[ʔdjup⁵⁵]	qdyubs
生_{~肉}	[ʔdjup⁵⁵]	qdyubs	生_{~面人}	[ta:ŋ³⁵]	daangs
夹生_{~饭}	[mi⁴²lum⁴²]	mix lumx	熟_{~饭}	[sok⁴³]	sog
熟_{~肉}	[sok⁴³]	sog	熟_{粟子~了}	[sok⁴³]	sog
熟_{~人}	[ʔai³³ɕen³⁵]	eic xeens	老_{菜~}	[ŋa:k³⁵/qa:u³⁵]	hnnaaqs/ggaos
肥_{~地}	[ɣoŋ³¹]	xgongz	瘦_{~地}	[ʔda:n³³]	qdaanc

续表

词条	国际音标	水语拼音	词条	国际音标	水语拼音
干 河水~了	[siu^{35}]	sius	干枯 树木~了	[siu^{35}]	sius
蔫 蔬菜~了	[tiu^{33}]	diuc	粗糙 米很~	[$ŋ̊a{:}k^{35}$]	hnnaags
粗糙 桌面很~	[$^{2}ya{:}i^{55}$]	qxgaih	粗 布很~	[$ya{:}i^{55}$]	xgaih
细 ~小	[ti^{33}]	dic	细 面粉很~	[nun^{55}]	nunh
稀 布织得很~	[ko^{24}]	gol	密 布织得很~	[$^{2}na^{24}$]	qnal
土 ~布	[ta^{24}]	dal	新鲜	[$ya{:}ŋ^{35}ɣau^{24}$]	xgaangs xgoul
活	[$ɕu^{33}$]	xuc	精神	[qet^{55}]	ggeeds
麻 手发~	[$za{:}u^{24}$]	raol	木 脚麻~了	[$za{:}u^{24}$]	raol
松 ~软	[$loŋ^{35}$]	longs	暗	[$^{2}njam^{35}$]	qnyams
明亮	[$^{2}da{:}ŋ^{24}t^{h}eŋ^{33}$]	qdaangl teengc	清楚	[$ya{:}ŋ^{35}ɣau^{24}$]	xgaangs xgoul
模糊	[$^{m}bja^{33}tɕja^{42}$]	mbyac zyax	花 ~衣服	[$ta{:}i^{35}$]	dais
嫩 菜根~	[nun^{55}]	nunh	饥饿	[$^{2}ja{:}k^{35}$]	qyaags
饱	[$tjaŋ^{35}$]	dyangs	脆 形容词	[$k^{h}im^{24}$]	kiml

续　表

词条	国际音标	水语拼音	词条	国际音标	水语拼音
浓~茶	[nɔŋ³¹]	nnongz	浓~茶	[ɕu²⁴]	xul
臊	[²ui²⁴]	uil	膻羊~	[fjət⁵⁵]	fyeds
够	[²da:u³³]	qdaoc	破竹竿~了	[²wa³⁵]	qwas
霉衣服~	[pʰa:ŋ³³]	paangc	糟衣服太旧而变得不结实了	[la:n⁵⁵]	laanh
腐朽	[ɣam²⁴]	xgaml	困	[²bja³⁵]	qbyas
空箱子是~的	[ɣo³¹]	xgoz	空手他~回来了	[ɣa:ŋ³⁵mja²⁴]	xgaangs myal
空心树~了	[hoŋ²⁴]	hongl	糠心萝卜~了	[foŋ²⁴]	fongl
满	[tik⁵⁵]	digs	闷	[tam³³lo³⁵]	damc los
绵	[tju³⁵]	dyus	齐	[tum⁴²]	dumx
乱东西~	[lwan²⁴]	lvanl	乱头发~	[ŋa:ŋ³⁵]	hmnaangs
顺	[ɕaŋ³¹/tʰjep⁵⁵/kən³⁵]	xangz/tyeebs/gens	滑	[²djan²⁴]	qdyanl
慌	[ha:n⁵⁵]	haanh	真	[ɕu³⁵]	xus

续　表

词条	国际音标	水语拼音	词条	国际音标	水语拼音
假	[po³⁵]	bos	输	[su³³]	suc
褶 衣服~	[tjut⁴³]	dyud	醉 ~酒	[tjaŋ³⁵]	dyangs
合 衣服~身	[ʔda:u³³]	qdaoc	好吃	[ʔda:i²⁴tsje²⁴]	qdail zyeel
好看	[ʔda:i²⁴qau³⁵]	qdail ggous	好听	[ʔda:i²⁴ʔdi³³]	qdail qdic
好闻	[ʔda:i²⁴nən⁴²]	qdail nenx	难吃	[ʔna:m²⁴tsje²⁴]	qnnaaml zyeel
难看	[ʔna:m²⁴qau³⁵]	qnnaaml ggous	难听	[ʔna:m²⁴ŋan⁴²]	qnnaaml nganx
难闻	[ʔna:m²⁴nən⁴²]	qnnaaml nenx	灵验	[fan³¹tju³¹]	fanz dyuz
响	[quŋ³³]	ggungc	安静	[ŋa:i³⁵ta:t³⁵]	ngaads daads
平安	[pjen³¹ljen³¹]	byeengz lyeengz	太平	[pjen³¹]	byeengz
平等	[la:u³³ɕeŋ³⁵]	laoc xeengs	幸福	[ɕa:ŋ⁵⁵fu³¹]	xaangh fuz
像 ~他哥哥	[tsup⁵⁵]	zubs	成 做~了	[ɕən²⁴]	xenl
尽 好话说~	[pjen³³]	byeenc	紧急	[san⁴²]	sanx
经验	[fan³¹pən³³]	fanz benc	可怜	[ʔya⁵⁵ha³¹]	qxgah haz

续　表

词条	国际音标	水语拼音	词条	国际音标	水语拼音
可怕	[ʔda:i²⁴ho²⁴]	qdail hol	可惜	[ʔda:i²⁴²mai³⁵]	qdail meis
亲热	[tu³³ᵐbjum²⁴]	duc mbyuml	恶耐	[ʔjan³³]	qyanc
痛苦	[nun³¹]	nnunz	痛快	[maŋ⁴²]	mangx
危险	[fiŋ⁵⁵]	fingh	辛苦	[ɕen⁵⁵]	xeenh
快~来	[hoi³⁵]	hois	干脆~回答	[qʰa:k⁴³qʰau²⁴]	kkaag kkoul
胡乱地~写	[foŋ⁵⁵]	fongh	持续地	[ᵐbjen³⁵ɕen³⁵]	mbyeengs xeens
随便地~洗	[ta:n⁵⁵]	daanh	蠢	[ɕaŋ³¹]	xangz
聪明	[qen²⁴]	ggeenl	粗鲁	[som³⁵lom⁵⁵]	soms lomh
恶	[ʔna:m²⁴]	qnnaaml	凶恶	[siu²⁴²na:m²⁴]	siul qnnaaml
和气	[fən³¹ma³³]	fenz mac	很毒	[loŋ³¹²na:m²⁴]	longz qnnaaml
糊涂	[ŋam³³nu³⁵]	hngamc/nus	机灵	[ken²⁴]	geenl
急	[san⁴²]	sanx	狡猾	[ʔdjan²⁴²doi²⁴]	qdyanl qdoil
贪心	[qʰa²⁴mau³¹]	kkal mouz	客气	[fan³¹tsjak⁵⁵]	fanz zyags

续　表

词条	国际音标	水语拼音	词条	国际音标	水语拼音
啰唆	[lu³³la³³]	luc lac	马虎	[sum³⁵lum⁵⁵]	sums lumh
细心	[tsjak⁵⁵]	zyags	能干	[qʰa:t³⁵]	kkaads
勇敢	[ʔdo³⁵la:u⁴²]	qdos laox	公正	[he⁴²jən³¹]	heex yenz
节俭	[qan²⁴]	gganl	努力	[na:ŋ³⁵lik⁴³]	naangs lig
巧	[tu³³kʰau²⁴]	duc koul	淘气	[he⁴²²eu⁵⁵/ he⁴²ⁿdjan³⁵]	heex eeuh/heex ndyans
习惯	[kwen³⁵]	gveens	有名	[ʔnaŋ²⁴²da:n²⁴]	qnangl qdaanl
脾气	[pʰi⁴²kʰi²⁴]	pix qil	胆量	[ʔdo³⁵]	qdos
古怪	[ŋi⁵⁵ŋo³³]	hnmih hmnoc	十一	[sup⁴³²jət⁵⁵]	sub qyeds
十二	[sup⁴³ɲi⁵⁵]	sub nnih	十三	[sup⁴³ha:m²⁴]	sub haaml
十四	[sup⁴³ɕi³⁵]	sub xis	十五	[sup⁴³ŋo⁴²]	sub ngox
十六	[sup⁴³ljok⁴³]	sub lyog	十七	[sup⁴³ɕet⁵⁵]	sub xeds
十八	[sup⁴³pa:t³⁵]	sub baads	十九	[sup⁴³ku³³]	sub juc

续　表

词条	国际音标	水语拼音	词条	国际音标	水语拼音
四十	$[\,\varphi i^{35} sup^{43}\,]$	xis sub	五十	$[\,\eta o^{42} sup^{43}\,]$	ngox sub
六十	$[\,ljok^{43} sup^{43}\,]$	lyog sub	七十	$[\,\varphi \partial t^{55} sup^{43}\,]$	xeds sub
八十	$[\,pa{:}t^{35} sup^{43}\,]$	baads sub	九十	$[\,\textipa{t} u^{33} sup^{43}\,]$	juc sub
千	$[\,\varphi en^{24}\,]$	xeenl	万	$[\,fa{:}n^{55}\,]$	faanh
亿	$[\,ji^{24}\,]$	yil	零	$[\,lin^{42}\,]$	linx
一百零一	$[\,ti^{33} pek^{55} pen^{42} ti^{33}\,]$	dic beegs beenx dic	三千零五十	$[\,ha{:}m^{24} \varphi en^{24} pen^{42} \eta o^{42} sup^{43}\,]$	haaml xeenl beenx ngox sub
第二	$[\,ti^{55} \textipa{n} i^{55}\,]$	dih nnih	第三	$[\,ti^{55} ha{:}m^{24}\,]$	dih haaml
第十	$[\,ti^{55} sup^{43}\,]$	dih sub	第十一	$[\,ti^{55} sup^{43} jat^{55}\,]$	dih sub qyeds
甲 天干第一	$[\,\textipa{t} a{:}p^{35}\,]$	jaabs	乙 天干第二	$[\,{}^{\textipa{P}}j\partial n^{31}\,]$	qyenz
丙 天干第三	$[\,pjen^{24}\,]$	byeengl	丁 天干第四	$[\,tjen^{24}\,]$	dyeengl
戊 天干第五	$[\,mu^{55}\,]$	muh	己 天干第六	$[\,\textipa{n} i^{55}\,]$	jih
庚 天干第七	$[\,qen^{24}\,]$	ggeengl	辛 天干第八	$[\,\varphi um^{24}\,]$	xuml

续　表

词条	国际音标	水语拼音	词条	国际音标	水语拼音
王（天干第九）	[num³¹]	nnumz	癸（天干第十）	[kui³⁵]	guis
以上（十个以上）	[kak⁴³ŋ'u²⁴]	gag ul	以下（十个以下）	[kak⁴³te³³]	gag deec
束（名）	[toŋ⁴²lən³¹]	donx lenz	单（不成双）	[tsik⁵⁵]	zigs
双（成对）	[tsau⁵⁵]	zouh	大半（一个）	[ʈot⁴³la:u⁴²]	jod laox
半斤	[pa:n³⁵ʈən³¹]	baans jenz	个（一鸡蛋）	[lam²⁴]	laml
个（一月）	[lam²⁴]	laml	位（一客）	[ʔai³³]	eic
只（一鸟）	[to³¹]	doz	把（一韭菜）	[mja²⁴]	myal
把（一米）	[mja²⁴]	myal	把（一扫帚）	[tiu³¹]	diuz
包（一东西）	[tuk⁵⁵]	dugs	称（一花生）	[ⁿdaŋ³⁵]	ndangs
串（一陈椒）	[koŋ³⁵]	gongs	代（一人）	[ti⁵⁵]	dih
担（一行李）	[ta:p³⁵]	daabs	滴（一油）	[tom³⁵]	doms
点（一钟）	[tjan⁵⁵]	dyanh	兜（一禾）	[hoŋ³¹]	hongz
段（一路）	[pʰaŋ³⁵]	qangs	堆（一粪）	[poŋ³³]	bongc

续　表

词条	国际音标	水语拼音	词条	国际音标	水语拼音
对～兔子	[tsau⁵⁵]	zouh	封～信	[fuŋ³³]	fungc
根～扁担	[tiu³¹]	diuz	行～麦子	[ɣui³¹]	xguiz
盒～药	[ho³¹]	hoz	间～房	[la:m²⁴]	laaml
件～衣	[²ba²⁴/pja³¹]	qbal/byaz	丈～	[tsja:ŋ⁴²]	zyaangx
尺～	[mai⁴²]	meix	寸～	[ɕen³¹]	xeenz
分～钱	[fən³³]	fenc	度 成人两臂左右平伸时两臂间的距离	[pʰi³⁵]	pis
托 张开的大拇指和中指 (或小指) 两端间的距离	[sa:p³⁵]	saabs	里～	[li⁴²]	lix
斤～酒	[ʨen³¹]	jenz	两～酒	[²dja:ŋ³³]	qdyaangc
钱～银子	[ɕen³¹]	xeenz	亩～	[mau⁵⁵]	mouh
分～地	[fən³³]	fenc	句～话	[qut⁵⁵]	gguds
张～纸	[wa³⁵]	was	片～树叶	[sjet⁵⁵]	syeeds

续　表

词条	国际音标	水语拼音	词条	国际音标	水语拼音
块~地	[kwa:i³⁵]	gvais	块~石头	[kwa:i³⁵]	gvais
面~旗	[ˀba²⁴]	qbal	年~	[ᵐbe²⁴]	mbeel
岁~	[ᵐbe²⁴]	mbeel	天~	[van²⁴]	vanl
夜~	[sa:n³¹]	saanz	批~东西	[qa:n³¹]	ggaanz
群~羊	[tau³¹]	douz	筒~米	[ta:u⁴²]	daox
升~米	[səŋ²⁴]	sengl	斗~米	[tau⁴²]	doux
石~谷子	[ta:n³⁵]	daans	桶~水	[tʰoŋ³³]	tongc
碗~饭	[tui⁴²]	duix	瓶~酒	[pʰin⁴²]	pinx
个	[jən³¹lam²⁴]	yenz laml	天天	[jən³¹van²⁴]	yenz vanl
摊~泥	[poŋ⁴²]	bongx	本~书	[pən⁵⁵]	benh
层~楼	[kak⁴³]	gag	成~	[fən²⁴/pam⁵⁵]	fenl/bamh
盏~灯	[teŋ³⁵]	deengs	泡~尿	[tiu³¹]	diuz
样~东西	[pən³³]	benc	遍说~	[pʰja³³]	pyac

续 表

词条	国际音标	水语拼音	词条	国际音标	水语拼音
回来~~	$[p^hja^{33}]$	pyac	次去~~	$[p^hja^{33}]$	pyac
脚踢~~	$[tin^{24}]$	dinl	口咬~~	$[pa:k^{35}]$	baags
我俩	$[ja^{31}da:u^{24}]$	xgaz ndaol	你俩	$[ja^{31}sa:u^{24}]$	xgaz saol
他俩	$[ja^{31^2}ai^{33}man^{24}]$	xgaz eic manl	它称代植物或无生命事物	$[man^{24}]$	manl
这	$[na:i^{55}]$	naih	这边	$[^ndjoŋ^{33}na:i^{55}]$	ndyongc naih
这些	$[pən^{33}na:i^{55}]$	benc naih	那较近指	$[tsa^{35}]$	zas
那最远指	$[tsa^{35}]$	zas	那边	$[^2wa:ŋ^{35}tsa^{35}]$	qwaangs zas
那些	$[pən^{33}tsa^{35}]$	benc zas	极好~了	$[ɕo^{33}]$	xoc
常常他~来	$[tsap^{43}tsja:ŋ^{31}]$	zab zyaangz	大概~是这样	$[han^{35}ja:^{55}]$	hans yah
到底~是怎么回事	$[lən^{42}ku^{33}/lən^{42}qum^{42}]$	lenx guc/lenx ggumx	的确~冷	$[ɕen^{24}ɕu^{35}]$	xenl xus
赶快~去	$[nam^{33}hoi^{35}]$	nnamc hois	必须	$[na:u^{31}]$	naoz

续表

词条	国际音标	水语拼音	词条	国际音标	水语拼音
根本~不对	$[naŋ^{55}]$	nangh	光~说不行	$[la:u^{33}]$	laoc
还~有很多	$[^{ʔ}ai^{35}]$	eis	好像~是他	$[ɕən^{24}mbjeŋ^{35}]$	xenl mbyeengs
忽然~来了一个人	$[pu^{55}liu^{33}]$	buh liuc	轮流	$[ku^{33}kak^{43}]$	guc gag
马上~走	$[pa^{31}la:t^{43}]$	baz laad	慢慢~说	$[fa:n^{24}]$	faanl
亲自~去	$[poi^{35}]$	bois	全~是我们的	$[^{ʔ}o^{33}ljok^{55}]$	oc lyogs
太~大	$[ton^{42}]$	donx	一……就…… 看就懂	$[ta:n^{55}…qo^{33}]$	daanh…ggoc
一定~去	$[he^{42}nau^{31}]$	heex nouz	已经~晚了	$[^{ʔ}i^{55}ȵin^{33}]$	ih jinc
永远~是这样	$[tsap^{43}tsja:ŋ^{31}]$	zab zyaangz	原来~是你	$[ɣon^{31}]$	xgonz
越…越… 越走越远	$[san^{42}…san^{42}]$	sanx…sanx	真~好	$[naŋ^{55}]$	nangh
先你~走	$[kon^{35}]$	gons	或者 三天~四天	$[ɣo^{33}ɕi^{33}]$	xgoc xic
把~猪卖了	$[tai^{31}]$	deiz	被~同志们消住了	$[su^{24}]$	sul

续　表

词条	国际音标	水语拼音	词条	国际音标	水语拼音
比~月亮大	[pi⁵⁵]	bih	不但…而且…	[me³¹tsoŋ³³…ʔai³⁵]	meez zongc…eis
朝~南开	[toi³⁵]	dois	从~到…去年到现在	[ken⁴²…tʰau³⁵]	geenx…tous
隔~一条河	[qek⁵⁵]	ggeegs	给~他写信	[ha:i²⁴]	hail
同~他去	[toŋ³¹]	dongz	为了~祖国	[ʔdja:i³⁵]	qdyais
向~上爬	[tʰjep⁵⁵]	tyeebs	沿~河走	[tʰjep⁵⁵]	tyeebs
因为…所以…	[ʔdja:i³⁵……si³³]	qdyais…sic	在	[na:u⁵⁵]	nnaoh
趁~热吃	[kam³³]	gamc	归~你管	[ⁿdum³³]	ndumc
由~我负责	[tsui³¹]	zuiz	端节 水历新年,也是水族跨马节	[twa³³]	dvac
猎积	[kan⁴²fa:ŋ³³]	ganx faangc			

三都水语语法例句

0001. 他说的话很对。

[la:m^{24}fan^{31}man^{24}ton$^{42?}$dum^{33}.]

Laaml fanz manl donx qdumc.

个, 句 语言, 话 他　最　对

0002. 树上有三只鸟。

[?u^{24}mai$^{42?}$na:ŋ^{24}ha:m^{24}to^{35}nok^{43}.]

Ul meix qnaangl haaml dos nog.

上面木, 树　有　三　只 鸟

0003. 是你把衣服洗了吗？

[^{n}dum^{33}ɳa^{31}la:k$^{35?}$duk^{55}na:i^{55n}dje^{24}?]

Ndumc nnaz laags qdugs　naih　ndyeel?

是　你　洗　衣服 这些, 这个 吗（语气词）

0004. 你有兄弟没有？

[ɳa$^{31?}$na:ŋ^{24}fai^{42}nu^{42}me$^{31?}$na:ŋ^{24}?]

Nnaz qnaangl <u>feix nux</u> meez qnaangl?

你　有　兄弟　没　有

0005. 怎么不带伞呢？看天色会下雨吧？

[he⁴²na:u³¹me³¹tai³¹tjum²⁴? qau³⁵?u²⁴?bən²⁴?a:u²⁴tok⁵⁵fən²⁴?]

Heex naoz meez deiz dyuml? ggous ul qbenl aol   dogs

做、干 为什么 不、没 带、拿 伞   看 上 天 要、可能 掉、落

fenl?

雨

0006. 你喜欢吃李子还是桃子？

[ȵa³¹maŋ⁴²tsje²⁴man³³ɣo³³ɕi³³fa:ŋ²⁴?]

Nnaz mangx zyeel manc xgoc xic faangl?

你   喜欢   吃 李子   还是   桃子

0007. 谁卖给你们玉米种子？

[?ai³³ȵu²⁴pe²⁴van²⁴?a:u²⁴mek⁴³ha:i²⁴ȵa³¹?]

Eic   hnul   beel vanl aox meeg hail nnaz?

指人量词 疑问代词(谁) 卖 种子 玉米 给 你

0008. 别带妹妹去河边玩。

[?na³³tai³¹nu⁴²pai²⁴ta:i⁵⁵?nja²⁴ɕa:n³³.]

Qnac deiz nux beil jaih qnyal xaanc.

别 带 妹妹 去 旁边 河 玩

0009. 哎呀，鱼儿被猫叼走啦！

[?ai³¹ja³¹,mon⁵⁵su²⁴meu⁴²?un²⁴pa:i²⁴ljeu³¹!]

Eiz yaz, monh sul meeux unl bail lyeeuz!

哎呀 鱼 被 猫 咬 走 了

0010. 你广西人，我贵州人。

[ȵa³¹zən²⁴kwa:ŋ⁵⁵ɕi³³, ju³¹zən²⁴ɣai³⁵tsu²⁴.]

Nnaz renl gvaangh xic, yuz renl xgeis zul.

你	人	广西	我	人	贵州

0011. 因为路太窄，所以车子过不去。

［ $^{?}$wen^{35}k^{h}un$^{24?}$njap^{55}ɕo^{33},ts^{h}ə^{33}ja^{42}ɕi^{33}pa:i^{24}me$^{31?}$dai^{33}. ］

qweens kunl qnyabs xoc, ce^{33} yax xic bail meez qdeic.

因为	路	窄	太	车	所以	去	不	得

0012. 他边走边唱。

［ man^{24}ti^{33}kwan^{33}sa:m^{33}ti^{33}kwan^{33}ɕip^{43}. ］

Manl dic gvanc saamc dic gvanc xib

他	一	边	走	一	边	唱

0013. 我们去种树，弟弟种了一株桃树，我种了两株梨树。

［ ʈən^{24n}diu^{24}pa:i^{24m}bja^{24}mai^{42},nu^{42m}bja^{24}ti^{33}hoŋ^{31}fa:ŋ^{24}, ju^{31m}bja^{24}ɣa^{31}hoŋ^{31}ɣa^{31}. ］

Jenl qdiul bail mbyal meix, nux mbyal dic hongz faangl, ƶuz

大家	我们	去	栽	树	弟弟	种	一	兜	桃	我

mbyal xgaz hongz xgaz.

栽	两	兜	梨

0014. 今天他在这儿住一晚上。

［ van^{24}na:i^{55}man^{24}ɳa:u^{55n}djoŋ^{33}na:i^{55}ɳa:u^{55}ti$^{33?}$ɳam^{35}. ］

Vanl naih manl nnaoh ndyongc naih nnaoh dic qnnams.

天	这	他	在	这里	待	一	晚

0015. 我的两只手都脏了。

［ ɣa^{31}mja^{24}ju^{31}tu^{33}pjek^{55}leu^{31}. ］

Xgaz myal yuz duc byeegs leeuz.

两　　手　　我　都　　脏　　了

0016.a. 天天下雨。

[van²⁴van²⁴tok⁵⁵fən²⁴.]

Vanl vanl dogs fenl.

天　　天　　下　　雨

b. 树树满山。意思是树木满山。

[ˀu²⁴ˀdoŋ²⁴tik⁵⁵mai⁴².]

Ul qdongl digs meix

上　　树林　　满　　树（按水语表达义为"满山的树"。）

0017. 这头猪好肥啊！

[to³¹m̥u³⁵na:i⁵⁵ton⁴²pi³¹ˀə³¹.]

Doz hmus naih <u>tonx</u> biz ez.

头　　猪　　这　好 / 非常 肥 语气词

0018. 父亲是铁匠，母亲是农民，我是学生，弟弟也是学生。

[pu⁴²ˀai³³qoŋ²⁴tjap⁴³ɕət⁵⁵,ni⁴²si³³he⁴²qoŋ²⁴,ju³¹hi²⁴ɕo³¹sən³³,nu⁴²tju³¹ pu³³ti³³ɕo³¹sən³³.]

Bux eic ggongl dyab xeds, nix sic <u>heex ggongl</u>, yuz hil <u>xoz senc</u>,

父亲 个　　事　　打　　铁　母亲 是　做事（农民）　我　就　　学生

nux dyuz buc dic <u>xoz senc</u>.

弟弟　是　　也　　一　　学生

0019. 姐妹俩勤快能干，不是织布就是绣花。

[ɣa³¹fe³¹nu⁴²naŋ⁵⁵kʰak⁵⁵,me³¹yo³³tam³³ta⁴²me³¹yo³³sam³⁵ˀba³³.]

Xgaz feez nux nangh kags, <u>meez xgoc damc dax meez xgoc</u>
两　　姐　　妹　　很　　勤快　　不　　是　　　织布　　　不　　是

<u>sams qbac.</u>
　绣花

0020. 他寄来的三本书已经看完啦。

[man^{24}ti^{24}ham^{24}pən^{55}le^{24}tu^{33}qau^{35}pjan^{33}ljeu^{31}.]

Manl jil haml benh leel duc ggous <u>byanc lyeeuz</u>.
　他　寄　三　本　书　都　看　　　　　完啦

0021. 我们养了一只公鸡两只母鸡，还有一只公狗和一只
母狗。

[ɬən^{24n}diu^{24}ha:ŋ^{42}ti^{33}to^{31}hai^{33}qa:i^{35}ɣa^{31}to^{31}ni^{42}qa:i^{35},kam^{33}ti^{33}to^{31}
ɣoŋ^{24}m̥a^{24}kam^{33}ti^{33}to^{31}ni^{42}m̥a^{24}.]

Jenl ndiul haangx dic doz heic ggais xgaz doz nix ggais, gamc
大伙　我们　养　　一　只　公　鸡　　两　只　母　鸡　　和

dic doz xgongl hmal gamc dic doz nix hmal.
一　只　公　狗　　　和　一　只　母　狗。

0022. 他家有两个小孩儿，一男一女。

[ɣa:n^{31}man^{24}na:ŋ^{24}ɣa^{31}la:k^{43}ti^{33}, ti$^{33?}$bja:k^{35}ti^{33}man^{24}.]

Xgaanz manl qnaangl xgaz laag dic, dic qbyaags dic manl.
　家　　他　　有　　两　孩子 小 一　　女　一　男

0023. 家里酒没有了，肉也没有了。

[ɣa:n^{31}me$^{31?}$na:ŋ^{24}ha:u^{33}ha^{24}ljeu^{31}, na:n^{42}pu^{33}me$^{31?}$na:ŋ^{24}ha^{24}ljeu^{31}.]

Xgaanz meez qnaangl haoc <u>hal lyeeuz</u>, naanx buc meez qnaangl
　家　　没　有　酒　不了　　肉　也　没　有

<u>hal lyeeuz.</u>

　　不了

　　　　　　（ "hal lyeeuz" 是对 "meez qnaangl" 语气的加重。）

0024. 昨天星期天，我下午去你们家，等了半天你都没回来。

〔 van²⁴ʔȵu²⁴sin³³tʰi³³tʰjan³³, ju³¹pa:n³⁵van²⁴pa:i²⁴ɣa:n³¹ȵa³¹, ka³³ tʰau³⁵pa:n³⁵van²⁴ȵa³¹tu³³me³¹tʰau³⁵lən⁴². 〕

<u>Vanl qnnul</u> <u>sinc qic tyanc</u>, yuz <u>baans vanl</u> bail xgaanz nnaz, gac
　　昨天　　　　星期天　　我　　下午　　去　　家　你们　　等

tous <u>baans vanl</u> nnaz duc meez <u>tous lenx</u>.
到　　半天　　　你　都　没　到

0025. 儿子每月回一趟家，这次给父母买来葡萄，每斤8元呢。

〔 qa³³la:k⁴³ti³³njan³¹taŋ²⁴ti³³pʰja³³ɣa:n³¹,pʰja³³na:i⁵⁵ʔnam³⁵pu⁴²ni⁴² ⁿdjai³³ʔjit⁵⁵,ti³³tən³¹pa:t³⁵vjan⁴². 〕

ggac laag dic nyanz dangl dic pyac xgaanz, pyac naih qnams
们　孩子　每　月　来　家　一　　次　　次　这　给

bux nix ndyeic qyids, dic jenz baads vyanx.
父　母　买　葡萄　一　斤　八　元

0026. 我了解我自己，自己的事情我自己做。

〔 ju³¹ɕau³³ʔu²⁴ⁿdən²⁴ju³¹,tən⁵⁵ju³¹ju³¹qa:t³⁵li⁴². 〕

Yuz xouc ul ndenl yuz, jenh yuz yuz ggaads lix.
我　了解 上面 身体　我　事情 我　我　自　做

0027. 这个人是我姐姐，那个人不是我姐姐。

〔 ʔai³³nai⁵⁵ɕin²⁴fe³¹ha:i²⁴ju³¹,ʔai³³tsa³⁵me³¹ɕin²⁴fe³¹ha:i²⁴ju³¹. 〕

Eic neih xinl feez hail yuz, eic zas meez xinl feez hail yuz.
个　这 成、是 姐　给　我　人 那　不 成、是 姐　给　我。

0028.a. 你的书在这儿。

[le²⁴n̩a³¹huŋ³⁵ⁿdjoŋ³³na:i⁵⁵.]

Leel nnaz hungs ndyongc naih.

書　　你　　放　　　位置　　　这

b. 图书馆的书在那儿。

[le²⁴tʰu⁴²su³³kwon⁵⁵huŋ³⁵ⁿdjoŋ³³tsa³⁵.]

Leel <u>tux suc gvonh</u> hungs ndyongc zas.

書　　　图书馆　　　　放　　　位置　　　那

0029. 这会儿才 5 点钟，两根大木头就运到了。

[ʔbən²⁴na:i⁵⁵si³³vu⁵⁵tjen⁵⁵tsuŋ³³, ɣa³¹tʰau³³mai⁴²lau⁴²lan³¹ɣo³³ʔun²⁴

tʰau³⁵ljeu³¹.]

Qbenl　naih sic vuh dyeenh zungc, xgaz qouc meix <u>loux lanz</u>

天（时候）这 才　五　　点　　钟　　两　　段　　木　大（很）

xgoc unl tous lyeeuz.

就　　扛　到　了

lanz: 是对"大"的强调，意为很（大）

0030. 你的歌唱得这么好，再来一首。

[n̩a³¹ɕip⁴³ʔda:i²⁴ɕo³³, tsa:i²⁴ɕip⁴³ti³³tiu³¹.]

Nnaz xib qdail　　xoc,　　　zail xib dic diuz.

你　唱歌　好（对"好"程度加强）　再　唱　一　首

0031.a. 你们村子有几家人？从这里到城里有多远？坐车要

多久？

[ʔba:n³³sa:u²⁴ʔnaŋ²⁴t̩i³³ɣa:n³¹? tsʰuŋ³¹ⁿdjoŋ³³na:i⁵⁵tʰau³⁵qa:i²⁴ʔnaŋ²⁴

t̩i³³kuŋ³¹ʔdi²⁴? hui⁵⁵tsʰə³³t̩i³³kuŋ³¹tja:ŋ²⁴?]

Qbaanc saol qnangl jic xgaanz? cungz ndyongc naih tous ggail

村子　你们　有　几　家　从　　位置　这　到　街、城里

qnangl jic gungz qdil? huih ceh jic gungz dyaangl?

有　几　多　远　坐　车　几　多　　久

b. 有五十多家，我们村到城里三十来里，坐车半个多小时就到了。

[ˀnaŋ²⁴ŋo⁴²sup⁴³to²⁴ɣa:n³¹,ˀba:n³³ⁿdiu³¹tʰau³⁵qa:i²⁴ha:m²⁴sup⁴³li⁴²,
hui⁵⁵tsʰə³³ɫot⁴³lam³¹seu⁵⁵sɿ⁴²ɣo³³tʰau³⁵.]

Qnangl ngox sub dol xgaanz, qbaanc ndiuz tous ggail haaml

有　　五　十　多　家　　村　　我们　到　街、城里　三

sub lix, huih cec jod lamz seeuh six xgoc tous.

十　里　坐　车　半　个　　小时　　就　到

0032.a. 哪件衣服是我的？怎么都一样呢？
[pja³¹ˀduk⁵⁵ŋu²⁴to³¹ju³¹? he⁴²nau³¹ɕi³³la:u³³ɕeŋ³⁵?]
Byaz qdugs hnul doz yuz? heex nouz xic laoc xeengs?

件　衣服　哪　个　我　怎么　才、都　一样、平等

b. 谁知道呢？什么时候多出一件来？
[ˀai³³ŋu²⁴ɕau³³? ˀbən²⁴ŋu²⁴to²⁴ti³³pja³¹.]
Eic hnul xouc? qbenl hnul dol dic byaz.

个　哪　知道　什么时候　多　一　件

0033. 别人的东西不要拿，大家的东西要看好。
[ɣau³⁵he²⁴me³¹foŋ⁵⁵ˀa:u²⁴,ɣau³⁵zən²⁴kuŋ³¹ˀa:u²⁴qau³⁵da:i²⁴.]
Xgous heel meez fongh aol, xgous renl gungz aol ggous qdail.

东西　别人　不　随便　要　东西　人　多　要　看　好

（大家）

0034. 十五是五的三倍，五是十的一半。

[sup⁴³ŋo⁴²ɕən²⁴ha:m²⁴pam⁵⁵ŋo⁴², ŋo⁴²ɕən²⁴sup⁴³ti³³ɬot⁴³.]

Sub ngox xenl haaml bamh ngox, ngox xenl sub dic jod.

十　五　是　三　份　五　五　是　十　一　半

0035. 全村年轻人大多外出打工了，有些家里只有老人，有些家里只有妇女和儿童。

[la:k⁴³ʁuŋ³⁵ʔba:n³³ɬot⁴³la:u⁴²pa:i²⁴ʔnuk⁵⁵li⁴²qoŋ²⁴, tam³³ɣa:n³¹si³³ ʔnaŋ²⁴ʔai³³la:u⁴², tam³³ɣa:n³¹si³³ʔnaŋ²⁴ni⁴²ʔbja:k³⁵la:k⁴³ti³³.]

<u>Laag xggungs</u> qbaanc <u>jod laox</u> bail qnugs lix ggongl, damc xgaanz

年轻人　村　半　大　外　出　做　事情　有些　家

sic qnangl <u>eic laox</u>, damc xgaanz sic qnangl <u>nix qbyaags</u> <u>laag dic</u>.

只　有　个　老　有些　家　只　有　妇女　儿童

0036. 羊比较干净。这一群羊只只都很肥，你挑一只。

[fa³¹pi⁵⁵ɬa:u²⁴ɣa:ŋ³⁵.liu⁴²tau³¹fa³¹na:i⁵⁵jən³¹to³¹pi³¹,n̥a³¹la:i⁵⁵ti³³ to³¹.]

Faz <u>bih jaol</u> xgaangs, liux douz faz naih yenz doz biz, nnaz

羊　比较　干净　整　群　羊　这　每　只　肥　你

laih dic doz.

挑　一　只

0037. 河里的鱼比塘里的鱼好吃。

[mom⁵⁵ʁa:u³³ʔnja²⁴pi⁵⁵mom⁵⁵ʁa:u³³poŋ⁴²da:i²⁴tsje²⁴.]

Momh xggaoc qnyal bih momh xggaoc bongx qdail zyeel.

鱼　里　河　比　鱼　里　塘　好　吃

0038. 三位老人的生日分别是：农历八月初二、五月初三、六月初一。

[ham²⁴²ai³³la:u⁴²ti³³van²⁴si³¹sən²⁴he⁴²ja⁵⁵: pa:t³⁵van²⁴so²⁴n̠i⁵⁵, ŋo⁴²van²⁴so²⁴ham²⁴, ljok⁴³njan³¹so²⁴²jət⁵⁵.]

Haml eic laox dic vanl siz senl heex yah: baads vanl sol nnih,
三　个　老　的　生日　是　这样　八　天　初　二

ngox vanl sol haml, lyog nyanz sol qyeds.
五　天　初　三　六　月　初　一

0039. 奶奶笑眯眯地坐着看孙子蹦蹦跳跳。

[ja⁴²hui⁵⁵ⁿdjoŋ³³tsa³⁵qau³⁵la:k⁴³ha:n²⁴tiu³¹²djət⁵⁵ku²⁴n̠iŋ³³n̠iŋ³³.]

Yax huih ndyongc zas ggous laag haanl diuz qdyeds gul nningc
奶奶　坐　位置　那　看　孙子　跳　蹦　笑　眯

nningc.
眯

0040. 他把红薯随便洗洗就吃了。

[man²⁴ta:n⁵⁵suk⁴³man³¹ha:n³³tsiu²⁴tsje²⁴ljeu³¹.]

Manl daanh sug manz haanc ziul zyeel lyeeuz.
他　随便　洗　红薯　就　吃　了

0041. 来客人时，我们正在吃饭。

[²ai³³hek³⁵taŋ²⁴ljeu³¹,ɬən²⁴da:u²⁴tsje²⁴²au⁴²to⁰ɬot⁴³.]

Eic heegs dangl lyeeuz, jenl ndaol zyeel oux do jod.
客人　来　了　我们　吃饭　正在

0042. 他很想带父母去一次北京。

[man²⁴²nam³³ɕaŋ³¹²an³⁵tai³¹pu⁴²ni⁴²pa:i²⁴ti³³pʰja³³pə³¹ɬin³³.]

Manl qnamc xangz ans deiz bux nix bail dic pyac bez jinc.
他　老是　一直　想　带　父母　去　一次　北京

0043. 夫妻俩很恩爱。

[ɣa³¹pu⁴²ni⁴²naŋ⁵⁵tu³³ᵐbjum²⁴.]

Xgaz bux nix nangh <u>duc mbyuml</u>

<table>
<tr><td>两</td><td>夫</td><td>妻</td><td>很</td><td>亲爱</td></tr>
</table>

0044.a. 山上有一片梨树。

[ʔu²⁴nu³¹tsa³⁵ʔnaŋ²⁴ti³³piŋ⁵⁵mai⁴²ɣai³¹.]

Ul nuz zas qnangl dic bingh meix xgeiz.

<table>
<tr><td>顶</td><td>山</td><td>那</td><td>有</td><td>一</td><td>片</td><td>梨</td><td>树</td></tr>
</table>

b. 这座山上没有梨树。

[lam²⁴nu³¹na:i⁵⁵me³¹ʔnaŋ²⁴mai⁴²ɣai³¹.]

Laml nuz naih meez qnangl meix xgeiz.

<table>
<tr><td>个</td><td>山</td><td>这</td><td>没</td><td>有</td><td>梨</td><td>树</td></tr>
</table>

0045.a. 这封信是不是你写的？

[fuŋ³³sin²⁴na:i⁵⁵ʔdum³³n̻a³¹va³⁵me³¹?]

Fungc sinl naih qdumc nnaz vas meez?

<table>
<tr><td>封</td><td>信</td><td>这</td><td>是</td><td>你</td><td>写</td><td>不</td></tr>
</table>

b. 是。不是。

[ⁿdum³³.me³¹ⁿdum³³.]

Ndumc. Meez ndumc.

<table>
<tr><td>是</td><td>不</td><td>是</td></tr>
</table>

0046. 他会说汉语，应该是汉族人。

[man²⁴ɕau³³van³¹ka⁴²,jin²⁴ka:i³³zən²⁴ka⁴².]

Manl xouc vanz gax, <u>yinl gaic</u> renl gax.

<table>
<tr><td>他</td><td>会</td><td>讲</td><td>汉语</td><td>应该</td><td>人</td><td>汉族</td></tr>
</table>

0047.a. 你愿不愿意嫁给他?

[n̠a³¹n̠on⁵⁵me³¹n̠on⁵⁵ta³⁵ha:i²⁴man²⁴?]

Nnaz nnonh meez nnonh jas hail manl?

你　愿　不　愿　嫁　给　他

b. 愿意。不愿意。

[n̠on⁵⁵. me³¹n̠on⁵⁵.]

Nnonh. Meez nnonh.

愿意　　不愿意

0048. 大风吹断了树枝。

[kʰa:ŋ³⁵la:u⁴²kʰa:ŋ³⁵tak⁵⁵tsiŋ³⁵mai⁴².]

Kaangs laox kaangs dags zings meix.

风　大风（吹）断　枝　树

0049. 我们进屋去。

[ⁿdau²⁴pa:i²⁴ʁa:u³³ɣa:n³¹pa:i²⁴.]

Ndoul bail xggaoc xgaanz bail.

我们　去　里　　家　去

0050. 屋檐装上了电灯。

[vi³⁵ɣa:n³¹tswa:ŋ³³tjan²⁴tən³³.]

Vis xgaanz zvaangc dyanl denc.

唇/边　屋　装　　电灯

0051. 明天小王来，小李不来。

[van²⁴ʔmu³³sjeu⁵⁵va:ŋ⁴²taŋ²⁴,sjeu⁵⁵li⁵⁵me³¹taŋ²⁴.]

Vanl qmuc syeeuh vaangx dangl, syeeuh lih meez dangl.

明天　　小　王　来　小　李　不　来

0052. 你去买瓶酒回来。

[ȵa³¹pa:i²⁴ⁿdjai³³ti³³pʰin⁴²ha:u³³taŋ²⁴.]

Nnaz bail ndyeic dic pinx haoc dangl.

你　　去　　买　　一　　瓶　　酒　　来

0053.a. 有只猫趴在凳子上。

[ʔnaŋ²⁴ti³³to³¹meu⁴²ʔuk⁵⁵ȵa:u⁵⁵ʔu²⁴ʔun²⁴.]

Qnangl dic doz meeux ugs nnaoh ul unl.

有　　一　　只　　猫　　趴　　在　　上凳子

b. 有只猫在凳子上趴着。

[ʔnaŋ²⁴ti³³to³¹meu⁴²ȵa:u⁵⁵ʔu²⁴ʔun²⁴ʔuk⁵⁵.]

Qnangl dic doz meeux nnaoh ul unl ugs.

有　　一　　只　　猫　　在　　上凳子　趴

0054. 他的字写得好极了。

[le²⁴man²⁴va³⁵ʔda:i²⁴ɕo³³ljeu³¹.]

Leel manl vas qdail <u>xoc lyeeuz</u>.

字　　他　　写　　好　　极了

0055. 爷爷走得非常慢。

[qoŋ³⁵sa:m³³tʰa:i²⁴fa:n²⁴.]

ggongs saamc tail faanl.

爷爷　　走　　太　　慢

0056. 这根大木头，我一个人也扛得起。

[tʰau³³mai⁴²na:i⁵⁵, ju³¹ti³³ʔai³³zən²⁴pu³³ʔun²⁴ʔdai³³.]

Qouc meix naih, yuz dic eic renl buc unl qdeic.

段　　木头　　这　　我　　一　个　人　也　扛　得

0057. 那种菌子吃不得。

〔pən³³ʁa²⁴tsa³⁵tsje²⁴me³¹ʔdai³³.〕

Benc xggal zas zyeel meez qdeic.

种　菌子　那　吃　不　得

0058. 他没坐过飞机。

〔man²⁴mi⁴²hui⁵⁵fai³³ȶi³³.〕

Manl mix huih feic jic.

他　没　坐　飞机

0059.a. 墙上挂着一幅画。

〔pan³⁵sja:ŋ³¹sa:ŋ³¹ti³³fu³¹fa²⁴.〕

Bans syaangz saangz dic fuz fal.

墙上　　挂　一　幅　画

b. 墙上挂有一幅画。

〔pan³⁵sja:ŋ³¹saŋ³¹ti³³fu³¹fa²⁴.〕

Bans syaangz sangz dic fuz fal.

墙上　　挂　一　幅　画

0060. 平时家里妈妈做饭，爸爸种田。

〔jən³¹lan³⁵ni⁴²n̪a:u⁵⁵ɣa:n³¹ɕuŋ²⁴au⁴²,pu⁴²si³³pa:i²⁴qoŋ²⁴.〕

Yenz lans nix nnaoh xgaanz xungl oux, bux sic bail ggongl.

平时　妈妈　在　家　煮　饭　爸爸　也　去　事（种田）

0061. 赶时间，咱们快吃吧。

〔n̪am³³ʔja:ŋ⁴²,tən²⁴ⁿda:u²⁴n̪am³³tsje²⁴pa³¹.〕

Nnamc qyaangx, jenl ndaol nnamc zyeel baz.

赶快　　我们　快　吃　吧

0062. 你砸碎玻璃不赔吗？

[ȵa³¹ʔnon³⁵he³⁵po³³li⁴²me³¹pui³¹lo³³?]

Nnaz qnons hees <u>boc lix</u> meez buiz loc?

你　打　破　玻璃　不　赔　吗

0063. 你爬上树去摘桃子。

[ȵa³¹ha:t⁴³pa:i²⁴ʔu²⁴mai⁴²ʔeu³³fa:ŋ²⁴.]

Nnaz haad bail ul meix eeuc faangl.

你　爬　去　上　树　摘　桃子

0064. 你尝尝这个菜。

[ȵa³¹ʔnju³⁵pən³³ʔa:m³³na:i⁵⁵.]

Nnaz qnyus benc aamc naih.

你　尝　类　菜　这

0065.a. 我再想想这件事怎么办。

[ju³¹naŋ⁵⁵fa³³lam²⁴ten⁵⁵na:i⁵⁵he⁴²nau³¹he⁴².]

Yuz nangh fac laml jenh naih <u>heex nouz heex</u>.

我　再　想　件　事　这　　怎么办

b. 这件事我再想想怎么办。

[lam²⁴ten⁵⁵na:i⁵⁵ju³¹naŋ⁵⁵fa³³he⁴²nau³¹he⁴².]

Laml jenh naih yuz nangh fac <u>heex nouz heex</u>.

件　事　这　我　再　想　　怎么办

0066. 我看看你的书好吗？

[ju³¹qau³⁵le²⁴ȵa³¹ʔȵi⁵⁵me³¹?]

Yuz ggous leel nnaz qnnih meez?

我　看　书　你　允许　不

0067. 你先走，我就来。

[ȵa³¹pa:i²⁴kon³⁵,ju³¹tsan⁵⁵lən³¹.]

Nnaz bail gons, yuz zanh lenz.

你　走　先　我　跟　后

0068. 你先打电话问清楚再说。

[ȵa³¹sjan³³ta⁵⁵tjan²⁴va²⁴sa:i³³ɣa:ŋ³⁵tsa:i²⁴fan³¹.]

Nnaz syanc dah <u>dyanl val</u> saic xgaangs zail fanz.

你　先　打　电话　问　清楚　再　说

0069. 妹妹听着歌写作业。

[nu⁴²ʔdi³³ko³³va³⁵tso³¹ȵe³¹.]

Nux qdic goc vas <u>zoz nneez</u>.

妹妹　听　歌　写　作业

0070. 鱼是蒸着吃还是煮着吃？

[qa³³mom⁵⁵ⁿda:u³³tsje²⁴ɣo³³si³³ɕuŋ²⁴tsje²⁴?]

ggac momh ndaoc zyeel <u>xgoc sic</u> xungl zyeel?

拿　鱼　蒸　吃　还是　煮　吃

0071. 我听过几次小李唱歌。

[ju³¹ŋan⁴²ti³³pʰja³³sjeu⁵⁵li⁵⁵tsʰa:ŋ²⁴ko³³.]

Yuz nganx jic pyac syeeuh lih caangl goc.

我　听　几　次　小　李　唱　歌

0072. 她有一条漂亮的红裙子。

[man²⁴ʔnaŋ²⁴ti³³pja³¹ɕən³³ha:n³³na:ŋ⁵⁵ʔda:i²⁴ɣat⁴³.]

Manl qnangl dic byaz xenc haanc naangh <u>qdail xgad</u>.

她　有　一　件　裙子　红　真　漂亮

0073. 哥哥瘦，弟弟胖。

[fa:i⁴²ɬoŋ³³,nu⁴²pi³¹.]

Faix jongc, nux biz.

哥哥　　瘦　弟弟　胖

0074. 奶奶你慢慢走。

[ja⁴²ȵa³¹van²⁴pa:i²⁴.]

Yax nnaz vanl bail.

奶奶　你　慢慢　走

0075. 天不热，但很潮湿。

[ʔbən²⁴me³¹ⁿdu³³, naŋ⁵⁵ʔɣak⁵⁵tja:t³⁵.]

Qbenl meez nduc, nangh qxgags dyaads.

　天　　不　热　　很　　　潮湿。

0076. 白花花的新米饭香喷喷的。

[ʔau⁴²m̥ai³⁵pa:k³⁵po³¹naŋ⁵⁵da:ŋ²⁴ⁿdui²⁴.]

Oux hmeis baags boz　nangh　ndaangl nduil.

　米　　新　白　程度词　很　　香　程度词

0077. 他把房间打扫得干干净净的。

[man²⁴tjət⁵⁵ʁa:u³³ɣa:n³¹ɣa:ŋ³⁵ɣa:u²⁴.]

Manl dyeds xggaoc xgaanz xgaangs xgaol.

　他　　扫　里面　房屋　　干净

0078. 糯米饭香了整个村子。

[ʔau⁴²ɕən²⁴ⁿda:ŋ²⁴ŋa:t³⁵liu⁴²ʔba:n³³.]

Oux xenl ndaangl ngaads liux qbaanc.

　饭　糯米　香　　了　全　村子

0079. 奶奶总是对客人很热情。

[ja⁴²naŋ⁵⁵maŋ⁴²hek⁵⁵.]

Yax nangh　mangx　heegs.

奶奶　　很　高兴（热情）客人

0080. 一年比一年好。

[ᵐbe²⁴pi⁵⁵ᵐbe²⁴ʔda:i²⁴.]

Mbeel bih mbeel qdail.

年　比　年　好

0081. 老大和老二一样高。

[la:k⁴³la:u⁴²kə⁵⁵la:k⁴³ti⁵⁵n̠i⁵⁵va:ŋ²⁴la:u³³ɕeŋ³⁵.]

Laag laox geh laag dih nnih vaangl laoc xeengs.

大儿子　和　二儿子　高　一样

0082. 我比你高，他比我更高。

[ju³¹va:ŋ²⁴to²⁴n̠a³¹, man²⁴va:ŋ²⁴to²⁴ju³¹.]

Yuz vaangl dol nnaz, manl vaangl dol yuz.

我　高　多　你　他　多　高　我

0083. 我们三个人中他最高。

[ham²⁴ʔai³³ⁿdiu²⁴man²⁴ton⁴²va:ŋ²⁴.]

Haml eic ndiul manl donx vaangl.

三　个　我们　他　最　高

0084. 连续几天熬夜，我困死了。

[ʨi³³sa:n³¹tu³³ljan³¹me³¹nun³¹ŋak⁵⁵,ju³¹ŋai³⁵ŋak⁵⁵ɕo³³ljeu³¹.]

Jic saanz duc lyanz meez nunz hnags, yuz hngeis hnags xoc lyeeuz.

几　夜　连续　没　睡觉　我　感觉　困　非常　了

0085. 你再吃一碗饭。

[$n̠a^{31}tsa:i^{24}tsje^{24}ti^{33}tui^{42}ʔau^{42}$.]

Nnaz zail zyeel dic duix oux.

你　　再　　吃　　一　　碗　　饭

0086. 他又买了一辆摩托车。

[$man^{24}jiu^{24}ndjai^{33}ti^{33}lam^{24}mo^{33}tʰo^{31}tsʰə^{33}$.]

Manl yiul ndyeic dic laml moc toz cec.

他　　又　　买　　一　　辆　　摩托车

0087. 他家两个儿子都在广东打工，一年大概能挣十几万。

[$ɣa^{31}la:k^{43}ɣa:n^{31}man^{24}tu^{33}n̠a:u^{55}kwa:ŋ^{55}tuŋ^{33}he^{42}qoŋ^{24},ti^{33m}be^{24}$
$tʰa:u^{33ʔ}dai^{33}sup^{43}ɬi^{33}fa:n^{55}$.]

Xgaz laag xgaanz manl duc nnaoh gvaangh dungc heex ggongl,

两　儿子　家　他　都　在　　广东　　作　工

dic mbeel taoc qdeic sub jic faanh.

一　　年　　挣　　得　　十　　几　　万

0088. 白白劝他一下午，可是他根本听不进。

[$ɬʰon^{35}man^{24}ti^{33}pan^{35}van^{24}ɣo^{31}ɣa:t^{43},man^{24ʔ}dət^{55}ti^{33}tiu^{42}ŋan^{42}me^{31}$
$pa:i^{24}$.]

Qons manl tic bans vanl xgoz xgaad, manl qdeds dic diux

劝　　他　一　　半天　　白费　　他　　　一点点

nganx meez bail.

听　　没　　进

0089. 我刚要去找他，他就匆匆忙忙地跑了进来。

[$ju^{31}laŋ^{31}pa:i^{24}tʰa:u^{33}man^{24},man^{24}tsju^{33}n̠am^{33}n̠am^{33}pja:u^{35}taŋ^{24}$.]

Yuz langz bail taoc manl, manl zyuc <u>nnamc nnamc</u> byaos dangl.

我　想　去　找　他　他　就　　急匆匆　　　跑　来

0090. 我跟妈妈到家时，爸爸可能才刚刚出门。

[ju³¹ʔnam³⁵ni⁴²laŋ³¹tʰau³⁵ɣa:n³¹, pu⁴²qo³³pa:i²⁴ʔnuk⁵⁵.]

Yuz qnams nix langz tous xgaanz, bux ggoc bail qnugs.

我　跟　妈妈　刚　到　家　爸爸　就　去　外面

0091. 他最近很高兴，我听说他快结婚了。

[man²⁴loŋ³⁵na:i⁵⁵naŋ⁵⁵maŋ⁴², ju³¹ŋai³⁵fan³¹man²⁴hai³³ʔa:u²⁴ɕa²⁴ljeu³¹.]

Manl longs naih nangh mangx, yuz hngeis fanz manl heic

他　最近　这　很　高兴　我　听　说　他　快

<u>aol xal</u> lyeeuz.

要 结婚　　了

0092. 孙子给爷爷寄回茶叶，爷爷笑得合不拢嘴。

[la:k⁴³ha:n²⁴hun⁴²tsja³¹ha:i²⁴qoŋ³⁵, qoŋ³⁵ku²⁴ʔa:i³³pa:k³⁵pja:ŋ⁵⁵pja:p⁴³.]

<u>Laaq haanl</u> hunx zyaz hail ggongs, ggongs gul aic baags

孙子　　送　茶　给　爷爷　爷爷　笑　得　嘴

<u>byaangh byaab</u>.

合不拢

0093. 唱歌令人开心。

[ɕip⁴³ʔda:i²⁴maŋ⁴²loŋ³¹zən²⁴.]

Xib qdail <u>mangx longz</u> renl.

歌　好　开心　　人

0094. 他个子虽然小，但气力很大。

〔man²⁴tsoŋ³³ti³³,ljək⁴³tjet⁴³la:u⁴².〕

Manl zongc dic, lyeg dyeed laox.

他　　个子　小　力气　却　　很大

0095. 只要能刨土，拿铲子或锄头来都行。

〔ta:n⁵⁵se³¹ʔdai³³hum³⁵,tai³¹ja:ŋ⁴²tsʰa:n⁵⁵pu³³ʔda:i²⁴dai³¹kwa:k³⁵pu³³ʔda:i²⁴.〕

Daanh seez qdeic hums, deiz <u>yaangx caanh</u> buc qdail deiz gvaags

只要　刨　得　土　拿　　洋铲　　也　好　拿　锄头

buc qdail.

也　好

0096. 如果沿着河边走就更绕了。

〔tsuŋ³³sa:m³³tʰjep⁵⁵ʔnja²⁴,tsa⁵⁵qo³³ʔdi²⁴to³³ʔai³⁵.〕

Zungc saamc tyeebs qnyal, <u>zah ggoc</u> qdil doc eis.

如果　走　沿、顺　河　就　远　多　还

0097. 滴滴答答下雨啦，快收衣服吧。

〔tok⁵⁵fən²⁴top⁵⁵top⁵⁵ljeu³¹,n̠am³³ɣup⁴³ʔduk⁵⁵ʔa³¹.〕

Dogs fenl dobs dobs lyeeuz, nnamc xgub qdugs az.

下　雨　下　拟声词　了　快　收　衣服　吧

0098.a. 明天赶集去不去？

〔van²⁴ʔmu³³ʔda:u³³qe⁴²pa:i²⁴me³¹pa:i²⁴?〕

<u>Vanl qmuc</u> qdaoc <u>ggeex</u> bail meez bail?

明天　　赶集　去　不　去

b. 明天去赶集好不好？

〔 van²⁴ʔmu³³pa:i²⁴ʔda:u³³qe⁴²ʔn̥i⁵⁵me³¹ʔn̥i⁵⁵? 〕

<u>Vanl qmuc</u> bail <u>qdaoc ggeex</u> qnnih meez qnnih?

　明天　　　去　　赶集　　　可以　　不　　可以

0099. 是他打的人。

〔 ⁿdum³³man²⁴ʔnon³⁵zən²⁴. 〕

Ndumc　　manl qnons renl.

是（确定义）他　　打　　人

0100. 拿这种菜说吧，大家好久都没吃了呢。

〔 qa³³pən³³ʔma²⁴na:i⁵⁵taŋ²⁴fan³¹, zən²⁴ʔdai³³tjaŋ²⁴ço³³me³¹ʔdai³³tsje²⁴
ha²⁴ljeu³¹. 〕

ggac benc qmal naih dangl fanz, renl qdeic dyangl xoc　meez qdeic

　拿　种类　菜　这　来　说　人　个　久　表程度深　没　得

zyeel <u>hal lyeeuz</u>.

吃　　语气词

三都水族民谣故事

水歌

造人先造土

[tsa:u⁴²tsi³⁵zən²⁴ɕən²⁴la:u³³niː⁴²hum³⁵,]

Zaox zis renl xenl laoc nix hums,

神话传说造人时只有泥土，

[tsa:u⁴²ka:i³³tʰjan³³faŋ²⁴tum³⁵lam²⁴tin³¹.]

Zaox gaic tyanc fangl dums laml dinz.

在开天的时候才长出石头。

[tin³¹qa:t³⁵tun³⁵hum³⁵pu³³qa:t³⁵ɕən²⁴.]

Dinz ggaads duns hums buc ggaads xenl.

石头自己长出来的时候土壤也自己生成了。

[ʔu²⁴tsi³⁵ʔbən²⁴te³³tsi³⁵zən²⁴ȵa:u⁵⁵,]

Ul zis qbenl deec zis renl nnaoh,

上开天下辟地造人居住，

[tsi³⁵ʔbən³⁵pja:u⁵⁵nam³³.]

Zis qbens byaoh namc.

造水井冒水。

［ sjen²⁴van³¹tam³³nam³³ʔjum³⁵tin²⁴pja²⁴, ］
Syeenl vangz damc namc qyums dinl byal,
仙人王帝蓄水水慢慢没过石头，

［ te³³tsi³⁵ka²⁴ʔu²⁴tsi³⁵ʔda²⁴van²⁴. ］
Deec zis gal ul zis qdal vanl.
下面出龙天上有太阳。

［ tsa:u⁴²ka:i⁵⁵tʰjan³³la:u³³man²⁴ku²⁴n̪oŋ³¹, ］
Zaox gaih tyanc laoc manl gul nnongz,
早时开天的时候只有他一片混沌，

［ tsa:u⁴²tsi³⁵zən²⁴te³³ljeŋ²⁴ɕən²⁴hum³⁵. ］
Zaox zis renl deec lyeengl xenl hums.
传说古时候造人时脚下全是土，

［ tsa:u⁴²tsi³⁵zən²⁴te³³ljeŋ²⁴ɕən²⁴hum³⁵ʮi³⁵ni⁴²hum³⁵ta:ŋ²⁴tjem⁵⁵te³³tin²⁴, ］
Zaox zis renl deec lyeengl xenl hums, jis nix hums daangl dyeemh deec dinl,
很早以前造人的时候下面都是土，造土来垫脚下，

［ tsi³⁵ni⁴²tin³¹tjem⁵⁵te³³tin²⁴ⁿda:u²⁴. ］
zis nix dinz tyeemh deec dinl ndaol.
造石头垫我们的脚。

［ ɣe⁵⁵ɕi³⁵pa:u²⁴ʔbən²⁴, ］
Xgeeh xis baol ʔbenl,

撑起天的四角，

［ zən²⁴ɣom³³pja²⁴tu³¹. ］
Renl xgomc byal duz.
人就生活在撑起的天下。

［ tsi³⁵nok⁵⁵nan⁴²n̥a:u⁵⁵nu³¹ȶʰən³³ȶʰeŋ²⁴, ］
Zis nogs nanx nnaoh nuz qenc qengl,
造鸟兽于陡峭的山里，

［ pek⁵⁵n̥i⁵⁵pen³³tu³³tseŋ²⁴li⁴²va:ŋ³¹. ］
Beegs nnih beenc duc zeengl lix vaangz.
百二十种抢着当王。

［ ɣa³¹koŋ³¹fa:ŋ³³ta:ŋ²⁴tsi³⁵ça:ŋ³³ça²⁴. ］
Xgaz gongz faangc daangl zis xaangc xal.
两旁宽用来造乡下。

［ tsa:u⁴²sjen²⁴tsi³⁵me³¹tsi³⁵ⁿda²⁴van²⁴, ］
Zaox syeenl zis meez zis ndal vanl,
造的时候神仙没有造太阳，

［ me³¹tsi³⁵man²⁴van²⁴ⁿdjeŋ³⁵la:t³⁵sa:n²⁴, ］
meez zis manl vanl ndyeengs laads saanl,
没造它白天黑到晚上，

［ mi⁴²ȶi³⁵njan³¹van²⁴sa:n³¹ⁿdjeŋ³⁵ⁿdum²⁴, ］
Mix jis nyanz vanl saanz ndyeengs nduml,
没有造月亮白天晚上都是黑黑的，

〔 $ʔbən^{24n}djeŋ^{35}ɕo^{33}me^{31n}do^{33}ku^{33}ɣui^{31}$. 〕

Qbenl ndyeengs xoc meez ndoc guc xguiz.

天太黑看不到痕迹（地面）。

〔 $ja:ŋ^{42}li^{31}pʰo^{42ʔ}na:ŋ^{24}pa:t^{35}ʈu^{33}la:m^{24}$, 〕

Yaangx liz pox qnaangl baads juc laaml,

太阳婆婆有八九个，

〔 $^nda:u^{24}pa:i^{24ʔ}dja:i^{35}man^{24}pu^{33}la:ŋ^{31}ha:i^{24}$, 〕

ndaol bail qdyais manl buc laangz hail,

我们去问她可能也给，

〔 $ʔdja:i^{35}la:m^{24}ha:i^{33}qa:t^{35ʔ}dai^{33}la:m^{24}ɣa^{31}$. 〕

Qdyais laaml haic ggaads qdeic laaml xgaz.

问要一个公的自然会得两个。

〔 $to^{35}tsa:u^{33}la:m^{24}$, 〕

Dos zaoc laaml,

教完（造好）了所有这些，

〔 $sjen^{24}tsi^{35}ɕən^{24}man^{24}pa:i^{24ʔ}ba:n^{24}ɳa:u^{55}$. 〕

Syeenl zis xenl manl bail qbaanl nnaoh.

神仙造好了就去天上去了。

〔 $va:ŋ^{31}tsi^{35}pjan^{33}ɣo^{33}pa:i^{24}tʰjan^{33ʔ}djan^{24}$, 〕

Vaangz zis byanc xgoc bail tyanc qdyanl,

王造好了就去天上躲起来了，

［tjeŋ⁵⁵la:u⁴²ɕən²⁴ka²⁴.］
Dyeengh laox xenl gal.
长大成了龙。

［ʔu²⁴tʰa:i²⁴ja:ŋ⁴²te³³tsi³¹fa:ŋ⁴²ti²⁴,］
Ul tail yaangx deec ziz faangx dil,
天上造太阳底下造皇帝，

［nam³³vi²⁴hən³¹tai³¹,］
Namc vil henz deiz,
水和火人间掌管。

［tsa:u⁴²kʰa:i³³tʰjan³³va:ŋ³¹qa:u³⁵to³⁵ɕai²⁴.］
Zaox kaic tyanc vaangz ggaos dos xeil.
很早的时候开天辟地之时就教人向善。

（据潘香演唱的水语歌谣记词）

造人之后造赶集
［ʔjət⁵⁵tsi³⁵zən²⁴,hən³¹tsi³⁵ʔda:u³³qe⁴².］
Qyeds zis renl, henz zis qdaoc ggeex.
很早以前造人的时候，世间就造出了赶集。

［ʔjət⁵⁵qe⁴²lja:i³³na:i⁵⁵si³³qe⁴²tseŋ³¹,］
Qyeds ggeex lyaih naih sic ggeex zeengz,
以前赶几乃现在赶中和，

[van²⁴sən³¹hət⁵⁵ljeŋ²⁴ʔda:u³³ɕət⁵⁵van²⁴,]

Vanl senz heds lyeengl qdaoc xeds vanl,

辰日到戌日七天都在赶集，

[qe⁴²hət⁵⁵toŋ⁵⁵kʰun²⁴ʔdi²⁴me³¹hi³¹.]

ggeex heds dongh kunl qdil meez hiz.

三洞集市远了不到。

[qe⁴²ji³¹tu³¹pʰjai³⁵ʔju²⁴kam³³fak⁵⁵,]

ggeex yiz duz pyeis qyul gamc fags,

寅日赶独寨集市离拉佑和西洋片区近，

[qe⁴²ʔban³³lau⁴²pʰjai³⁵la:u³³hən³¹pʰa:n²⁴,]

ggeex qbanc loux pyeis laoc henz paanl,

尧贯场集市唯独水潘近地区，

[ljuŋ³⁵haŋ²⁴laŋ³¹ʔda:u³³qe⁴²la:n²⁴tʰu⁵⁵,]

Lyungs hangl langz qdaoc ggeex laanl tuh,

三郎片的赶烂土集市，

[ljuŋ³⁵qu⁵⁵hu³³ʔda:u³³qe⁴²su³³miu²⁴.]

Lyungs gguh huc qdaoc ggeex suc miul.

姑鲁片区赶牛场（苏苗）集市。

[ʔjət⁵⁵qe⁴²mi³³ʔda:u³³tɕʰiu²⁴haŋ²⁴fan³¹,]

Qyeds ggeex mic qdaoc qiul hangl fanz,

早时未日赶羊福集市，

［ ɕət⁵⁵pe²⁴ha:u³³jau⁴²pu³³pe²⁴kui³¹, ］

Xeds beel haoc youx buc beel guiz,

早上卖酒时丹寨场（瑶）也卖水牛，

［ ɣui³¹ⁿdi³⁵sjeŋ⁴²pe²⁴ⁿdjai³³tin³¹tsən³¹. ］

Xguiz ndis syeengx beel ndyeic dinz zenz.

水维地祥地区赶集做买卖在水龙定城（水龙坡脚）。

［ t̠ʰi³⁵tsa³⁵tjau³³ʔda:u³³qe⁴²jiŋ³⁵ɕai²⁴, ］

Qis zas dyouc qdaoc ggeex yings xeil,

那个时候人们为避混乱去引介赶集，

［ ʔjət⁵⁵qa:u³⁵ɕai²⁴ʔdau³³qe⁴²kʰo³³naŋ³¹, ］

Qyeds ggaos xeil qdouc ggeex koc nangz,

早时聪明的人都去赶科寨郎寨那边的引介集市，

［ ʔda:u³³ⁿdan²⁴paŋ²⁴ha²⁴,ʔwa:ŋ³⁵ʔui³⁵ʔai²⁴li²⁴, ］

Qdaoc ndanl bangl hal, qwaangs uis eil lil,

旦棒寨和梅下寨都赶引介这个集市，河（都柳江）的那边是
都江集市，

［ qe⁴²ŋo⁴²jiŋ³⁵pʰjai³⁵pʰjeŋ³³mən³¹tsa:u²⁴. ］

ggeex ngox yings pyeis pyeengc mengz zaol.

五坳坡集市近蒙寨和照寨。

［ tsi³⁵ʔda:u³³qe⁴²na:i⁵⁵si³³tjet⁴³sa:u²⁴, tsi³⁵ʔda:u³³qe⁴²si³³tjet⁴³sa:u²⁴fan³¹. ］

Zis qdaoc ggeex naih sic dyeed saol, zis qdaoc ggeex sic dyeed
saol fanz.

定立了赶集的日期才有机会遇见你们，定立了赶集的日期才有机会告诉你们这些。

（据潘香演唱的水语歌谣记词）

水族民间故事

金贵赶考（大意）

[hən³¹sui³³ⁿda:u²⁴ˀnaŋ²⁴ti³³lam²⁴pai⁵⁵fa:m³¹.]
Henz suic ndaol qnangl dic laml beih faamz.
水族有一个传说故事。

[man²⁴sot⁵⁵jok⁵⁵ȶin⁵⁵kui²⁴pa:i²⁴seŋ³³,]
Manl sods yogs jinh guil bail seengc,
他说的是举荐金贵去贵阳，

[tsa:u⁴²tsa³⁵ȶin⁵⁵kui²⁴he⁴²ho³³,]
Zaox zas jinh guil heex hoc,
那个时候金贵很穷，

[pa:i²⁴ˀnam³⁵he²⁴he⁴²qʰau³³ɣa:n³¹tsa³⁵si³³ɣa:n³¹fu³⁵,la:k⁴³ᵐba:n²⁴ɣa:n³¹tsa³⁵tsai²⁴ɕau³³lje²⁴.]
Bail qnams heel heex kkouc xgaanz zas sic xgaanz fus,laag mbaanl xgaanz zas zeil xouc lyeel.
去给一户有钱人家做仆人。那家有个少爷，读书读得特别好。

[ti³³pʰja³³tsa³⁵man²⁴sja:ŋ⁵⁵pa:i²⁴seŋ³³kʰa:u⁵⁵tiŋ³³,]

dic pyac zas manl syaangh bail seengc kaoh dingc,
那一年少爷想去贵阳应试，

[$\textipa{tin}^{55}\text{kui}^{24?}\text{nam}^{35}\text{la:k}^{43}\text{ʁuŋ}^{35}\text{tsa}^{35}\text{pa:i}^{24}$,]
jinh guil qnams laag xggungs zas bail,
金贵（作为书童）须跟随少爷，

[$\text{man}^{24}\text{ko}^{33}\text{ta:p}^{35}\text{liu}^{42?}\text{duk}^{55}\text{a}^{33}\text{le}^{24}\text{a}^{33}\text{tuŋ}^{33}\text{si}^{33}\text{pa:i}^{24}\text{seŋ}^{33}$.]
manl goc daabs liux qdugs ac leel ac dungc sic bail seengc.
他挑着少爷的衣物、书等东西，（和少爷）一起去贵阳。

[$\textipa{tin}^{55}\text{kui}^{24?}\text{nam}^{33}\text{sa:i}^{33}\text{la:k}^{43}\text{ʁuŋ}^{35}\text{tsa}^{35}\text{ja:ŋ}^{24}\text{na:i}^{55}\text{ja:ŋ}^{24?}\text{ui}^{35}$.]
Jinh guil qnamc saic laag xggungs zas yaangl naih yaangl uis.
一路上金贵不停地向少爷问这问那的。

[$\text{t}^{\text{h}}\text{au}^{35}\text{pa:n}^{35}\text{k}^{\text{h}}\text{un}^{24?}\text{naŋ}^{24}\text{ti}^{33\text{n}}\text{djoŋ}^{33}\text{tsa}^{35?}\text{naŋ}^{24}\text{qe}^{42}\text{po}^{42}\text{kuŋ}^{31}\text{ço}^{33}$,
$\text{lja:n}^{33}\text{çum}^{35?}\text{nam}^{24}\text{liu}^{42}$.]
tous baans kunl qnangl dic ndyongc zas qnangl ggeex box
gungz xoc, lyaanc xums qnaml liux.
　　走到半路的时候，有个地方牛粪太多，苍蝇黑压压地爬满
了牛粪。

[$\textipa{tin}^{55}\text{kui}^{24}\text{ɣo}^{33}\text{pa:i}^{24}\text{sa:i}^{33}$,$\text{sjan}^{33}\text{sən}^{33}\text{a}^{31}$,$\text{qe}^{42}\text{po}^{42}\text{ɣo}^{33?}\text{naŋ}^{24}\text{lja:n}^{33}$,
$\text{zən}^{24}\text{laŋ}^{31}\text{t}^{\text{h}}\text{au}^{35}\text{lja:n}^{33}\text{qo}^{33}\text{pa:i}^{24}\text{liu}^{42}\text{ni}^{55}$?]
jinh guil xgoc bail saic, syanc senc az, ggeex box xgoc qnangl
lyaanc, renl langz tous lyaanc ggoc bail liux nih?
　　金贵就问少爷：“先生啊，为什么牛粪上的苍蝇，人一到
就飞走了呢？”

〔 sjan³³sən³³ŋa⁴²pa:k⁵⁵fan³¹le²⁴taŋ²⁴ɣo³³ɕən²⁴sʅ³³: 〕

Syanc senc ngax baags fanz leel dangl xgoc xenl sic:

先生开口成诗:

〔 wən⁴²tsʅ⁵⁵tuŋ⁵⁵tə³¹li⁵⁵,ȶan²⁴zən⁴²ko²⁴ko²⁴ȶʰi⁵⁵. 〕

wenx zih dungh dez lih, janl renx gol gol qih.

"蚊子懂得礼，见人个个起。"

〔 ȶin⁵⁵kui²⁴pa:n³⁵kʰun²⁴ɣo³³ʔnam³³n̠jen²⁴ʔnam³³n̠jen²⁴. 〕

jinh guil baans kunl xgoc qnamc nnyeenl qnamc nnyeenl.

路上金贵反复地在念。

〔 wən⁴²tsʅ⁵⁵tuŋ⁵⁵tə³¹li⁵⁵,ȶan²⁴zən⁴²ko²⁴ko²⁴ȶʰi⁵⁵,wən⁴²tsʅ⁵⁵tuŋ⁵⁵tə³¹li⁵⁵,
ȶan²⁴zən⁴²ko²⁴ko²⁴ȶʰi⁵⁵. 〕

wenx zih dungh dez lih, janl renx gol gol qih,wenx zih dungh
dez lih, janl renx gol gol qih.

"蚊子懂得礼，见人个个起，蚊子懂得礼，见人个个起。"

〔 pa:i²⁴ȶʰa:u³⁵ȶa:i³⁵ʔnja²⁴,ʔnaŋ²⁴la:u³³ti³³tiu³¹lo⁴²ha²⁴,ȶi³³tiu³¹lo⁴²mai⁴². 〕

bail taos jais qnyal, qnangl laoc dic diuz lox hal, jic diuz lox
meix.

他们走到了河边，有一座桥，一座木桥。

〔 ʔai³³sjan³³sən³³ⁿdo³⁵ti³³me³¹su⁴²ȶa:p⁴³.ȶin⁵⁵kui²⁴ta:p³⁵liu⁴²ɣau³⁵pa:i²⁴
ʔui³⁵ʔnja²⁴pjen³³, 〕

eic syanc senc ndos dic meez sux jaab. jinh guil daabs liux
xgous bail uis qnyal byeenc,

那先生胆小不敢过河。金贵将行李全部挑过河后，

〔jiu²⁴taŋ²⁴tai³¹mja²⁴sjan³³sən³³ʈap⁴³ʔnja²⁴pa:i²⁴ʔui³⁵，〕

yiul dangl deiz myal syanc senc jab qnyal bail uis,

又回来扶着先生过桥，

〔ʈin⁵⁵kui²⁴ɣo³³sa:i³³sjan³³sən³³ɳa³¹he⁴²nau³¹me³¹su⁴²ʈap⁴³lo⁴²ɣo³³．〕

jinh guil xgoc saic syanc senc nnaz heex nouz meez sux jab lox

xgoc.

过桥后金贵问先生怎么不敢过桥。

〔sjan³³sən³³fan³¹:ai，ɳa³¹me³¹ɕa:u³³a，swa:ŋ³³ʈʰa:u⁴²ha:u⁵⁵ko²⁴，

tu³¹mu³¹na:n⁴²ɕin⁴²a．〕

syanc senc fanz: ei! nnaz meez xaoc a. svaangc qaox haoh gol,

duz muz naanx xinx a.

先生回答说："哎！你不知道啊，双桥好过，独木难行啊。"

〔ʈin⁵⁵kui²⁴ɣo³³ɳan²⁴ai³⁵lja³¹．ɣət⁵⁵liu⁴²pa:n³⁵kʰun²⁴ʔnam³³ɳan²⁴，〕

jinh guil xgoc nnanl eis lyaz. xgeds liux baans kunl qnamc

nnanl,

好了，金贵一路上又念着，

〔swa:ŋ³³ʈʰa:u⁴²ha:u⁵⁵ko²⁴，tu³¹mu³¹na:n⁴²ɕin⁴²，swa:ŋ³³ʈʰa:u⁴²ha:u⁵⁵ko²⁴，

tu³¹mu³¹na:n⁴²ɕin⁴²，swa:ŋ³³ʈʰa:u⁴²ha:u⁵⁵ko²⁴，tu³¹mu³¹na:n⁴²ɕin⁴²〕

svaangc qaox haoh gol, duz muz naanx xinx, svaangc qaox haoh

gol, duz muz naanx xinx,svaangc qaox haoh gol, duz muz naanx

xinx……

"双桥好过独木难行""双桥好过独木难行""双桥好过独

木难行"……

［va:n²⁴lən³¹ʔai³⁵tʰa:u³⁵seŋ³³lja³¹,sjan³³sən³³pa:i²⁴kʰa:u⁵⁵sʅ²⁴, ］

vaanl lenz eis taos seengc lyaz, syanc senc bail kaoh sil,

再后来，到了贵阳。先生进考场考试，

［ʁa:u³³kʰa:u⁵⁵ts⁰a:ŋ⁴²jən³¹ʔai³³ɕau³³le²⁴jən³¹ʔai³³tan³³ʔda:i²⁴. ］

xggaoc kaoh caangx yenz eic xouc leel yenz eic danc qdail.

考场里那些有钱的读书人穿的都是绒毛好衣服。

［ʈin⁵⁵kui²⁴ʔai³³he⁴²qʰau³³ɣo³³n̠au⁵⁵ʔnuk⁵⁵ka³³.he²⁴n̠a:u⁵⁵ʁa:u³³fa³³
ʈit⁵⁵liu⁴²qam⁴²liu⁴², ］

jinh guil eic heex kkouc xgoc nnouh qnugs gac. heel nnaoh
xggaoc fac jids liux ggamx liux,

金贵在外面等先生，一直好奇想看看别人是怎么考试的，
不断伸头往考场里面看，

［ʔdja²⁴man²⁴ʔnam³³jo³³qam⁴²qau³⁵he²⁴.ʁau³³tsa³⁵jən³¹ʔai³³tsən³¹
pʰjoŋ²⁴pʰjoŋ²⁴taŋ²⁴qau³⁵man²⁴. ］

qdyal manl qnamc yoc ggamx ggous heel. xggouc zas yenz eic
zenz pyongl pyongl dangl ggous manl.

里面的考生也纷纷起来看他。

［ʈin⁵⁵kui²⁴ɣo³³laŋ³¹ɕin³³,wən⁴²tsʅ⁵⁵tuŋ⁵⁵tə³¹li⁵⁵,tan²⁴zən⁴²ko²⁴ko²⁴tʰi⁵⁵. ］

jinh guil xgoc langz xinc,wenx zih dungh dez lih, janl renx gol
gol qih.

这个时候金贵就念起诗来"蚊子懂得礼，见人个个起"。

［o³⁵,ta:k⁴³na:i⁵⁵le³¹,tan³³ɣa:u³⁵ⁿdja:u³⁵le³¹,he⁴²nau³¹su⁴²van³¹ja⁵⁵le³¹. ］

os, daag naih leez, danc xgaos ndyaos leez, heex nouz sux vanz yah leez.

里面的考官听到了，心里嘀咕着，这个人看着破破烂烂的
不咋样，怎敢说如此大话。

[ta:k⁴³na:i⁵⁵mjan⁵⁵ɕau³³le²⁴ʔjam²⁴ɕo³³si³³su⁴²van³¹lam²⁴na:i⁵⁵wa³¹.]

daag naih myanh xouc leel qyaml xoc sic sux vanz laml naih waz.

可能是因为知识很渊博才敢如此张狂。

[kʰa:u⁵⁵kon³³jam²⁴ȶin⁵⁵kui²⁴pa:i²⁴ʁa:u³³kʰa:u⁵⁵sʅ²⁴.]

kaoh gonc yaml jinh guil bail xggaoc kaoh sil.

于是考官就叫金贵进考场考试。

[ȶin⁵⁵kui²⁴ko³³me³¹ɕa:u³³he⁴²nau³¹kʰa:u⁵⁵sʅ²⁴,kʰa:u⁵⁵kon³³ɣo³³ndjək⁵⁵
tiu³¹ma:u⁴²pi³¹ha:i²⁴man²⁴.]

jinh guil goc meez xaoc heex nouz kaoh sil, kaoh gonc xgoc
ndyegs diuz maox biz hail manl.

可金贵根本不知道怎么考，考官硬塞给他一支毛笔。

[man²⁴laŋ³¹tai³¹mai⁴²pjət⁵⁵ɣo³³n̠an²⁴,swa:ŋ³³t̠ʰa:u⁴²ha:u⁵⁵ko²⁴,tu³¹mu³¹
na:n⁴²ɕin⁴².]

manl langz deiz meix byeds xgoc nnanl, svaangc qaox haoh
gol, duz muz naanx xinx.

他一拿毛笔就念"双桥好过，独木难行"。

[kʰa:u⁵⁵kon³³ji³¹ŋan⁴²,tak⁴³na:i⁵⁵ljau⁵⁵pu³¹t̠ʰi⁵⁵.tak⁴³na:i⁵⁵tsʰu³¹kʰau⁵⁵
tsʰən⁴²tsa:ŋ³³.]

kaoh gonc yiz nganx, dag naih lyouh buz qih. dag naih cuz
kouh cenx zaangc.

考官一听，这个人了不起啊，这个人出口成章。

［ tai³¹tsau⁵⁵tsu⁵⁵tsje²⁴ʔa:u⁴²ʔda:i²⁴tai³¹,tai³¹mai⁴²pjət⁵⁵va³⁵vən⁴²tsa:ŋ³³
ʔn̥a:m²⁴tai³¹. ］

deiz zouh zuh zyeel aox qdail deiz, deiz meix byeds vas venx
zaangc qnnaaml deiz.

考官理解为金贵表述的是"拿一双筷子吃饭容易，用笔写
文章不容易啊"。

［ tak⁴³na:i⁵⁵ɕuŋ³³ɕo³³,ʈe³¹ko⁵⁵kʰa:u⁵⁵kon³³ma⁵⁵sa:ŋ²⁴ɕon³³pu²⁴, pʰja³³
na:i⁵⁵ʈin⁵⁵kui²⁴ʔdai³³tiŋ³³. ］

dag naih xungc xoc, jeez goh kaoh gonc mah sangl xonc bul,
pyac naih jinh guil qdeic tingc.

这个人太厉害了，结果考官们马上宣布，金贵中举。

［ he²⁴ti³³tak⁴³he⁴²qʰau³³kʰa:u⁵⁵ʔdai³³tiŋ³³lje³¹.lən³¹na:i⁵⁵ʔbuŋ³³qa:i³³
tau²⁴tjuŋ²⁴man²⁴taŋ²⁴ɣa:n³¹. ］

heel dic dag heex kkouc kaoh qdeic dingc lyeez. lenz naih
qbungc ggaic doul dyungl manl dangl xgaanz.

人们都在感叹一个仆人中举。后来朝廷用轿子抬他回来，
锣鼓震天。

［ tui³¹tam³¹ʔnjan³⁵tʰan²⁴.he²⁴sa:i³³hən³¹sa:u²⁴ʈin⁵⁵kui²⁴ɕau³³le²⁴ɕo³³
ⁿdje²⁴ʔ ］

duiz damz qnyans tanl. heel saic henz saol jinh guil xouc leel
xoc ndyeel?

到家后别人都打听，金贵是不是学识很高啊?

〔hən³¹ⁿda:u²⁴ʁup⁵⁵ʨin⁵⁵kui²⁴,ɣo³³he⁴²po³⁵,ʨin⁵⁵kui²⁴ɕau³³le²⁴o³¹,〕
henz ndaol xggubs jinh guil, xgoc heex bos, jinh guil xouc leel oz,
当地群众为了保护他，都说他学识很渊博，

〔hən³¹jok⁵⁵ʨin⁵⁵kui²⁴pa:i²⁴seŋ³³li⁴²ʔbuŋ³³,〕
Henz yogs jinh guil bail seengc lix qbungc,
举荐他去省府当官，

〔lən³¹na:i⁵⁵ɣo³³ʔnaŋ²⁴ku²⁴sɿ²⁴na:i⁵⁵,ju³⁵li⁴²jok⁵⁵ʨin⁵⁵kui²⁴pa:i²⁴seŋ³³.〕
lenz naih xgoc qnangl gul sil naih, yus lix yogs jinh guil bail seengc.

后来就有了金贵赶考的故事。

（石国勐 讲述）

参考文献

［1］张均如编著：《水语简志》，北京：民族出版社，1980。

［2］曾晓渝、姚福祥编著：《汉水词典》，成都：四川民族出版社，1996。

［3］［英］康蔼德、潘承龙主编：《水语拼音介绍》，贵阳：贵州大学，2014。

图书在版编目（CIP）数据

三都水语语料集萃 / 代少若，潘建南，石国勐著
. — 上海：上海三联书店，2023.1
　（贵州民族语言研究丛书 / 吴胜伟主编）
　ISBN 978-7-5426-7833-1

　Ⅰ.①三… Ⅱ.①代… ②潘… ③石… Ⅲ.①水语-
研究-三都水族自治县　Ⅳ.①H269

中国版本图书馆CIP数据核字（2022）第153332号

三都水语语料集萃

著　　者 / 代少若　潘建南　石国勐
责任编辑 / 杜　鹃
装帧设计 / 一本好书
监　　制 / 姚　军
责任校对 / 王凌霄

出版发行 / 上海三联书店
　　　　　（200030）中国上海市漕溪北路331号A座6楼
邮　　箱 / sdxsanlian@sina.com
邮购电话 / 021-22895540
印　　刷 / 上海惠敦印务科技有限公司

版　　次 / 2023年1月第1版
印　　次 / 2023年1月第1次印刷
开　　本 / 890mm×1240mm　1/32
字　　数 / 150千字
印　　张 / 6.125
书　　号 / ISBN 978-7-5426-7833-1/H・118
定　　价 / 59.00元

敬启读者，如本书有印装质量问题，请与印刷厂联系021-63779028